한국해양대학교 박물관
해양문화정책연구센터
국제해양문제연구소
해양역사문화문고 ⑧

통신사의 바닷길

김주식

지은이 **김주식**

약력 : 현 한국해양사학회 회장
　　　해군사관학교 졸업
　　　고려대학교 졸업(학사, 석사, 박사)
　　　해군사관학교 교수 겸 박물관장
　　　한국해양전략연구소 선임연구원
　　　국립해양박물관 상근이사 겸 운영본부장

주요 저서 : 『통신사 선단의 항로와 항해』(공저, 2017), 『이순신, 옥포에서
　　　노량까지』(2015), 『장보고시대』(공저, 2001), 『서구해전사』(1995) 등

주요 역서 : 『니미츠』(1997), 『앙시앙 레짐』(1999), 『해양력이 국가에 미치는
　　　영향』(1999), 『미국 해군 100년사』(2005), 『영국 해군지배력의 역사』
　　　(2010), 『한국전쟁과 미국 해군』(2010), 『알레이 버크 제독』(2012),
　　　『미국 해군 작전의 역사: 한국전』(2013), 『조지프 니덤의 동양항해
　　　선박사』(2016) 등

해양역사문화문고⑧
통신사의 바닷길

2023년 12월 22일 초판 인쇄
2023년 12월 27일 초판 발행

지은이 김주식
펴낸이 한신규
편 집 이은영

펴낸곳 **글터**
　　　서울시 송파구 동남로 11길 19(가락동)
　　　T 070.7613.9110　F 02.443.0212　E geul2013@naver.com
등 록 2013년 4월 12일(제25100-2013-000041호)

ISBN 979-11-88353-62-0 03910　정가 18,000원

　필자가 통신사에 대해 관심을 갖게 된 것은 2015년 초 통신사선의 운용에 대한 논문을 작성할 때부터였다. 그런데 그 해 말 통신사 관련 자료를 유네스코 세계 기록물 유산으로 등재하려는 움직임이 한·일 양국에서 일어났다. 당시 국립해양박물관에 근무하던 필자는 이 움직임에 기여하고자 2017년 '통신사 뱃길 복원과 바닷길 탐방 프로그램'을 가동하면서 학술조사와 답사를 함께 추진했다.

　학술조사 겸 답사는 2017년 3월 7~14일 필자와 국립해양박물관 학예사 3명에 의해 이루어졌으며, 이 때 미처 가지 못했던 곳들에 대해서는 같은 해 5월 27~28일 조사 겸 답사를 추가로 진행했다. 그리고 그 해 말 『통신사선단의 항로와 항해』(국립해양박물관, 2017)를 발간했다. 물론 정부예산의 처리규정 때문에 어쩔 수 없는 상황이었지만, 이처럼 10여 개월 만에 현지답사와 조사, 자료 수집과 정리, 집필, 발간의 과정을 마친 것은 학예사들이 부단히 노력한 결과로 일종의 기적에 가까운 일이었다.

그런데, 『통신사선단의 항로와 항해』는 제목 그대로 항로와 항해에만 집중한 서적이었다. 따라서 조·일 관계의 맥락을 이해하기가 어려울 뿐만 아니라 양국 관계에서 통신사가 차지하는 의미를 파악하기도 어렵다는 한계를 갖고 있었다. 또한 이책은 유통이 잘 되지 않아 많은 국민들이 접근하기 어렵다는 한계까지 내포하고 있었다. 이 책이 발간된 사실을 모르거나이 책을 어떻게 구할 수 있느냐고 묻는 사람들도 간혹 있었다.

이러한 점들을 감안하여 대중이 쉽게 접할 수 있는 서적을 발간하려는 생각을 하게 되었으며, 조·일 관계의 전체적인 맥락까지 이해할 수 있는 책이 되도록 해보자는 욕심도 생겼다. 이 문고판은 이런 연유로 기획되었으며, 기획 의도를 살리기위해 4개 장을 추가했다. 제1장 해금정책 시대 동아시아의 외교통상은 동아시아 삼국의 당시 국제관계를 대략적으로 살펴보고 있다. 제2장 조선과 일본의 외교통상은 이 책의 주제인 조선과 일본의 관계를 더 자세하게 살펴보고 있다. 제10장 일본의 통신사선단 영접은 해상사행 기간 동안 통신사 일행에 대한 일본의 영접과 대우를 구체적으로 설명하여 육상사행 중심으로 생각하려는 기존 인식의 폭을 넓히려 하고 있다. 제11장 통신사선단 관련 유적과 유물은 해상사행에 대한 한국과 일본의 주요 유물과 유적이 어떤 것이 있으며, 관련 자료를 소장하고 전시하고 있는 박물관이나 전시관이 어디인지 밝히고 있다. 나머지 장들은 『통신사선단의 항로와 항해』의 내용을 요약한 것들이다.

이 책을 발간하는데 국립해양박물관이 도움을 준 것에 대해 감사드린다. 박물관은 관련 자료의 인용을 허락해주었으며, 박솔희 학예사는 초고를 읽고 수정하고 보완해주었다. 이러한 도움이 없었더라면 이 책을 출판할 수 없었을 것이다. 이 책에 수록한 사진들은 2017년 답사 때 촬영한 것들이다.

우리는 일본을 잘 알고 있는 것으로 생각하고 있으나, 대부분 각론이나 세부사항에 대해서는 잘 알지 못한다. 특히 한·일 관계가 뜨거운 현안이 되어 갑론을박하는 요즈음, 이 책이 한·일 양국의 관계를 올바르게 인식하는데 조금이나마 도움이 되길 바란다.

2023년 초겨울
저자 김주식

목차

책을 내며

1 해금정책 시대 동아시아의 외교통상

　13세기 후반기부터 14세기 말까지 약 1세기 반 동안은 동아시아의 국제정세가 요동을 친 시기였다. 중국대륙에서는 1279년 송宋이 멸망했으며, 1271년에 건국된 원元은 1368년에 멸망하였고, 그 대신 명明이 건국되었다. 한반도에서는 몽골군의 침략(1231~59)과 삼별초 항쟁(1270~73)에 이은 원의 간섭과 수탈로 허약해진 고려高麗가 1392년에 멸망하고 조선朝鮮이 건국되었다. 일본열도에서는 최초의 무가정권이었던 가마쿠라鎌倉 막부가 조큐承久의 난(1221), 여몽연합군의 침공(1274, 1281), 도막倒幕운동 등의 외우와 계속된 내분으로 1333년 몰락했으며, 1338년까지 약 6년간 남북조시대가 전개되었다가 1336년에 무로마치室町 막부가 시작되었다.

　조선은 1403년에 그리고 일본의 무로마치 막부는 1404년에 명나라로부터 책봉을 받았으며, 이로써 동아시아 3국 사이의 사대교린事大交隣 관계가 성립되었다. 사대는 강국을 섬기고 선진 문물을 받아들인다는 것이요, 교린은 대등한 국가끼리 신의를 가지고 교류한다는 당시의 외교 원칙이었다. 그러나 실제 외교상으로는 삼국의 관계가 순탄하고 평화롭지 않았다.

이 시기에 동아시아 삼국은 쇄국정치鎭國政治를 하고 있었는데, 그 쇄국정치의 주요 골자는 해금정책海禁政策이었다. 쇄국정치는 다른 나라와 관계를 맺지 않고 문호를 굳게 닫아 서로 통상하지 않는다는 것으로서 외국은 물론 외국인에 대한 자국 국민의 접근도 원천적으로 차단하는 정치를 뜻한다. 명·청대의 중국과 조선이 해금정책을 실행한 주요 이유 중 하나는 왜구의 창궐과 서양 기독교세력의 내도였다. 일본의 이유는 서양 기독교 세력의 내도와 에도막부 초기의 허약성이었다.

일본열도의 남북조시대(1336~1392)는 남조와 북조의 패권쟁탈전이 진행된 시기였다. 바로 이 무렵부터 일부 군대나 지방 세력은 전세가 불리할 때 피신할 목적으로 아니면 전쟁으로 인한 피폐에 따라 군수품 조달이나 생계유지용 식량을 구하려는 목적으로 인근 국가를 침범했다. 중앙통치체제가 약하고 또한 장기간의 전쟁으로 변경지역에 대한 조정의 통제가 약해지자, 해상 약탈행위를 일삼거나 인근 국가들과 밀무역을 하는 사람들도 많이 발생했다. 왜구는 남북조시대에는 활동한 군대의 성격이 그리고 그 이후에는 해적의 성격이 강한 집단이었다. 왜구가 주로 발생한 지역은 쓰시마對馬島, 이키시마壱岐島, 그리고 규슈九州 지역이었다. 왜구는 처음에는 자신들의 주거지와 가까운 한반도를 침범 대상지역으로 삼았지만, 얼마가지 않아 중국대륙의 북부 연안 지역에서 남부 지역은 물론 동남아로까지 활동을 확대해나갔다.

명나라는 초기부터 왜구 활동의 온상을 제거하고 대외 접촉을 막기 위해 사무역을 금지하고 해금정책과 고립정책을 폈다. 1407년부터 1433년까지의 기간에 정화鄭和가 지휘하는 대규모 해상원정이 남태평양과 인도양을 중심으로 7회에 걸쳐 실시되었다. 이 해상원정은 동남아는 물론 인도, 중동, 아프리카 연안까지 외교 목적으로 이루어진 위대한 항해활동이었지만, 명나라는 그 이후 곧바로 해금정책으로 복귀해버렸다. 1636년에 건국된 청나라도 1644년부터 중국 대륙을 통치하기 시작하면서 초기부터 대만과 연안의 반청세력 근원지를 없앤다는 이유로 해금정책을 사용했다.

한반도에서는 왜구가 14세기 후반기부터 대규모로 자주 출현했다. 고려는 군을 재조직하고 무기를 발명하여 소탕전에 어느 정도 성공했으나, 한반도에 대한 왜구의 침구를 완전히 막기에는 역부족이었다. 왜구의 침구는 조선이 건국한 후에도 계속되었다. 여말선초의 시기에는 왜구의 근원지를 소탕하고 없애기 위해 쓰시마와 이키시마 및 규슈에 대한 해상군사원정이 3회에 걸쳐 실시되기도 했다(1389년 朴葳, 1396년 金士衡, 1419년 李從茂).

이러한 군사조치 외에도 고려와 조선은 왜구의 피해를 막고 왜구에게 약탈품을 주지 않기 위해 해금정책을 시행했다. 또한 조선 초기에는 죄인 도피, 섬 주민의 납세 미납 등을 막으려는 통치 목적으로 섬 주민을 내륙으로 이주시키는 공도정책空島政策까지 실시했다.

명나라와 다른 국가들과의 외교통상은 조공무역으로만 유지되었다. 조공무역은 다른 국가들의 외교사절이 명에 와서 조공을 바치고 그에 상응하는 규모의 무역품을 명나라 조정으로부터 받아가는 형태의 무역이었으며, 그 와중에서 외교사절이 사적으로 가져간 상품을 파는 사무역이 비공개적으로 이루어지기도 했다. 조선과 명·청대 중국의 외교통상관계는 외교 문서만으로 이루어지는 조공무역이었다.

반면에 일본은 명나라와 감합勘合무역을 했다. 감합은 조공을 원하는 주변국 통치자들에게 미리 발급하는 일정한 확인표를 의미했는데, 외교 사절의 내왕 때 지참하게 하여 상인이나 해적의 조공 사칭을 방지하려는 통제정책의 산물이었다. 약간 변형된 것으로 보이지만 일종의 조공무역이었던 이 무역체제는 주로 동남아 국가들을 대상으로 했으며, 일본도 여기에 포함되었다. 일본과의 감합무역은 1404년부터 16세기 중엽까지 약 150여 년 동안 지속되었다. 감합무역의 대표권을 둘러싸고 일본 내에서 주도권을 벌이던 두 세력이 견명선遣明船을 동시에 보내기까지 했다. 그러던 중 1523년에는 조공의 순서를 정하는 문제로 일본의 한 파벌이 다른 파벌의 견명선을 소각하는 닝보寧波의 난이 발생하였다. 명나라는 이 사건을 계기로 일본의 조공을 중지시키는 처분을 내렸으며, 이로써 일본은 책봉체제에서 밀려났고, 무역도 밀무역이 성행하게 되었다. 1536년에 감합무역이 재개되었지만, 그 주도세력이 1511년 모반으로 몰락하자 감합무역도 중단되었다.

16세기 말은 동아시아가 일본의 조선 침략으로 전쟁의 격랑에 휩싸인 격동기였다. 일본 전국을 통일하여 관백關白이 된 도요토미 히데요시豊臣秀吉는 국내문제를 해결하고 개인적인 야심을 위해 16만 명의 대군으로 조선을 기습적으로 침략했다. 7년 간(1592-8) 계속된 이 침략전쟁에서 조선은 전쟁 발발국인 일본이 정명가도征明假道를 요청하고 또한 조선의 북부지방까지 쉽게 점령하자 명나라의 참전을 요청할 수밖에 없었다. 명나라는 이러한 조선의 요청 외에도 일본군이 명과 조선의 접경지대까지 몰려오자 위협을 느껴 파병하기로 결정했으며, 그리하여 일본의 조선 침략전쟁은 조선과 명 및 일본의 삼국전쟁으로 확전되었다. 이 전쟁으로 전쟁 기간은 물론 전쟁 이후에도 조선과 명 양국의 일본과의 외교관계는 단절되었다.

임진왜란의 영향은 삼국 모두에게 컸다. 일본에서는 도요토미 히데요시가 세운 관백의 시대가 지나고 1603년 도쿠가와

이에야스德川家康에 의해 막부시대가 다시 열렸다. 조선에서는 1623년 인조반정에 의해 대북파와 북인이 물러나고 서인이 집권세력으로 등장했다. 반정 세력은 명과 후금後金 사이에서 중립 노선을 견지하여 전쟁을 피하려는 기존 정책을 버리고 다시 친명배금親明拜金 정책을 실행했다. 이 때문에 조선은 후금의 침략(정묘호란, 1627년)과 청清의 침략(병자호란, 1636)을 당했다. 중국 대륙에서는 임진왜란 참전에 따른 명의 국력 약화를 틈타 득세한 후금이 1636년 청으로 개명되었고, 1644년에 청에 의해 명이 멸망했다. 청대에 이르러 중국과 일본의 외교통상관계는 사실상 중단된 상태였다. 그러자 일본에서 중국 상품의 희귀현상이 사회문제가 되었고, 급기야 일본은 중국 상인과 서양 상인의 통상을 허용할 수밖에 없었다. 일본은 1635년에 통상 문호를 열었는데, 중국 상인은 규슈 서남부의 나가사키長崎로 서양 상인(네덜란드)은 데지마出島로 내도항來到港을 한정시켜 쇄국정책을 유지했다.

　그러나 일본과 조선의 외교통상의 관계는 명·청과 일본의 관계와는 전혀 다른 모습을 보였는데, 구체적인 내용은 다음 장에서 볼 수 있을 것이다.

2 조선과 일본의 외교통상

　고려 말기와 마찬가지로, 조선 초기에도 조선과 일본의 중요한 외교사안은 왜구문제였다. 조선은 일본에게 왜구의 한반도 침구를 중단시켜 달라고 요구했다. 또한 투화왜인投化倭人을 대우하고, 왜인 포로를 송환하며, 엄중하게 방비하고, 토벌 활동을 하는 등 회유책과 강경책을 혼용했다. 그러나 외교적인 면에서는 어디까지나 일본과 교린 관계를 유지한다는 고려 정책을 답습하려 했다. 일본의 막부는 변두리 지방 주민들이 왜구로 활동하기 때문에 조정의 통제가 제대로 기능을 발휘할 수 없다는 점을 들어 난색을 표했지만, 왜구 주동자의 수급을 보내거나 왜구에게 끌려간 조선인을 송환한 경우도 있었다. 양국은 1404년 조선 국왕(태종)과 일본 막부 쇼군(아시카가 요시미쓰 足利義滿)이 명으로부터 책봉을 받은 것을 계기로 대등한 교린국이 되었다.

　조선은 왜구 금지를 외교적으로 거듭 요청했으나 효과가 별로 없었다. 1393~7년의 5년 동안 왜구가 조선을 53회 침구했으며, 1396년(태조 5)에는 왜선 120척이 경상도를 침구하여 전선 16척을 탈취하고 수군만호를 전사시켰다. 조선은 1396년 김사형을 제도병마도통처치사諸道兵馬都統處置使로 임명하여 쓰시마로 군사원정대를 파견했다. 원정대는 성공적으로 임무를 수행한 후 1397년 1월 귀국했다. 군사원정이 시작되자 조선에 와서 항복하는 왜인들이 있었다(1396, 1397).

조선은 쓰시마 도주의 요청으로 1407년 내이포(제포)와 부산포를 일본인에게 개항했다. 그것은 왜구에 대한 일종의 유화책이었다. 이 두 항구에서 일본인의 왕래와 무역이 허용되었고, 왜관을 설치하여 행정사무를 볼 수 있게 했다. 1414년 일본사절 105명은 자신들이 요구한 범종을 제때 주지 않는다고 울산에서 난동을 일으켰다. 김해에서는 오우치씨大內氏의 사절 30명이 자신들에 대한 접대가 부실하다는 이유로 소동을 일으켰다. 이 두 차례의 난동과 소동에 화가 난 태종은 조선을 왕래할 수 있는 일본 유력자의 범위를 10곳으로 축소한다고 쓰시마 도주소 사다시게宗貞茂에게 통보했다. 1418년(태종 18)에는 경상도 염포와 가배량(현 고성)에 왜관이 설치되었다.

김사형의 원정 이후 잠시 뜸했던 왜구의 침구는 쓰시마의 기근을 비롯한 여러 이유로 다시 계속되었다. 태종대에 60여 회의 침구가 있었고, 1419년(세종 1)에는 왜선 39척이 충청도 비인을 침구하여 조선군 300여 명을 전사시키고 40여 명을 포로로 잡아갔다. 또한 왜선 7척이 황해도 해주를 침구하여 약탈했다. 그러자 조선 조정은 쓰시마에 대한 재원정을 결정했으며, 정보 유출을 막기 위해 부산포와 내이포를 폐쇄하고 그곳에 있던 왜인 591명을 3도(경상, 충청, 강원)에 분산시켜 일본과의 연락을 차단했다. 삼군도체찰사三軍都體察使로 임명된 이종무는 전선 227척과 병력 17,285명을 이용하여 6월 20일부터 14일 간 쓰시마 원정을 성공적으로 마쳤다. 1436년 쓰시마 도주의 요청으로 쓰시마가 경상도에 예속되었다. 조선 조정은 도주를 판중추원사 겸 대마주도제사로 임명했다. 쓰시마 도주는 조선으로 가는 모든 일본선박에게 문인文引(일종의 도항증명서)을 발급했다. 그러나 후대에 조선 정부가 관리하지 않아 쓰시마는 일본 영토로 복귀되어 버렸다.

1426년(세종 7) 부산포와 내이포를 이미 개항한 조선은 쓰시마 도주 소 사가모리宗貞盛의 요청으로 울산의 염포를 추가로 개항했는데, 이를 삼포개항이라 부른다. 이 세 항구에 각각 왜관이 설치되었고, 왜인들은 각 왜관마다 60명씩 거주할 수 있었다. 일종의 통행증인 행장行狀을 소지한 일본 선박만 이 항구들에서 기항할 수 있었다. 1440년(세종 22)에는 소 사가모리가 삼포 이외의 고초도孤草島에서도 쓰시마인들의 어로활동을 허용해달라고 요구했으며, 그 결과 1441년(세종 23) 조선과 쓰시마는 고초도조어금약孤草島釣魚禁約을 체결했다. 고초도의 현 지명에 대해서는 여러 가지 설이 있어 명확하지 않지만, 남해의 한 섬이라는 것은 분명하다. 이 금약에 따르면, 쓰시마 어선은 도주의 도서圖書 3개가 찍힌 문인을 지세포만호에게 제출해야 했고, 만호는 이 문인을 보관하고 만호명의 문인을 다시 발급해 주었다. 어로작업이 끝나면, 쓰시마 어선은 만호에게 와서 재발급해준 문인을 반납하고 보관 중인 도주의 문인을 받아 귀국했다. 이때 쓰시마 어선은 조선 조정에게 조어세를 납부해야 했다. 초기에는 대선이 생선 500마리, 중선이 400마리, 소선이 300마리를 조어세로 냈다. 1년 뒤인 1442년(세종 24)에는 이 세금이 대선 200마리, 중선 150마리, 소선 100마리로 감소되었는데, 이 조어세의 규모는 1510년(중종 5) 삼포왜란이 발생할 때까지 유지되었다.

삼포개항에 따른 무역의 규모는 조선 조정에 의해 통제되었다. 1438년 쓰시마의 세견선歲遣船을 25척씩 나누어 삼포에 도착하게 하는 균박법均泊法과 삼포를 돌아가며 정박하게 하는 삼포윤박법三浦輪泊法을 실행했다. 또한 입국할 수 있는 왜인의 수를 대선 40명, 중선 30명, 소선 20명으로 제한했다. 이 규정은 1443년(세종 25) 체결된 계해약조에 의해 완화되었다. 세견선을 50척까지로 늘리고, 삼포 체류기간을 20일로 제한하되, 사신이 상경할 때에는 50일까지 체류할 수 있게 했다. 조선이 완화의 조짐을 보이자 규정과 무관하게 많은 왜인들이 조선에 왔으며, 1474년(성종 5)에는 왜인의 수가 400여 호와 2,000명으로 증가했다. 그 후 부산포에는 450명, 내이포에는 2,500명, 염포에는 150명의 왜인이 거주했다.

왜인들은 삼포의 관리들이 부당한 요구를 하고, 소금과 기와를 만들 때 필요한 땔감의 (지나친) 요구를 들어주지 않고, 왜인의 상업을 금지하고, 급료를 제대로 주지 않고, 고기잡이를 허용해주지 않는다는 등의 이유로 1510년(중종 5) 삼포왜란을 일으켰다. 병선 100척과 4,000~5,000명의 왜인들이 부산포, 제포, 웅천, 영등포, 동래를 침구하고 약탈했다. 그 과정에서 부산포첨사를 포함한 조선인 27명이 피살되고, 민가 769호가 소각되었다. 왜선도 5척이 침몰하고, 왜인 295명이 사망 또는 포로가 되었다. 조선 조정은 삼포왜란 이후 삼포를 폐쇄하고 일본과 단교했다.

조선의 단교로 극심한 물자부족에 허덕이던 쓰시마 도주는 막부를 통해 조선과의 교역 재개를 청원했다. 왜구의 재창궐을 염려한 조선은 삼포왜란의 주모자 참수 헌납과 조선인 포로 송환을 전제로 1512년 계해조약을 파기하고 임신조약을 체결했다. 이 조약의 주요 내용은 삼포 중 제포(내이포)만 개항, 왜인의 삼포 거주 불허, 쓰시마 세견선의 연간 파견척수를 25척으로 반감, 조선이 쓰시마에 매년 주는 세사미歲賜米를 200석에서 100석으로 반감, 특송선의 파견 금지, 쓰시마 도주의 선박을 제외한 다른 선박이 정규 항로를 이탈했을 때 적선으로 간주, 일본사신 수행원의 무기 소지 금지 등이었다. 이로써 조선과 일본의 국교가 회복되었던 것이다.

1540년대에 이르자 왜인들이 임신약조를 위반하면서 조선해안에 출현하기 시작했다. 1541년(중종 36) 조선은 쓰시마 도주에게 내이포 거주 왜인에 대한 엄격한 단속을 요청했고, 규정을 위반한 왜인을 처형한다고 경고했으며, 1543년(중종 38)에는 왜인의 주요 기항지이자 은거지 역할을 하던 가덕도에 진을 설치하고 방어군을 주둔시켰다. 이러한 상황에서 쓰시마인들은 세견선의 증대를 요청했는데, 조선이 거절하자 1544년 사량왜변을 일으켰다. 왜선 20여 척과 왜인 300여 명이 사량진성을 공격하여 조선군 1명을 전사시키고, 10여 명을 부상당하게 했다. 이 왜변에서 왜인은 20여 명이 사망했다. 이 사건으로 조선은 임신약조를 파기하고, 쓰시마와 단교했다. 내이포에 거주하고 있던 왜인들도 본국으로 추방했다. 그 해 조선 조정은 진지하게 논의한 후 일본과의 통교를 단절할 수 없다고 판단하여 일본국왕사日本國王使, 오우치전사大內殿使, 쇼니전사小二殿使는 관례대로 접대하고 쓰시마사對馬島使는 접대하지 않기로 결정했다. 일본국왕사가 귀국할 때 쓰시마에서는 마중하기 위해 영봉선迎逢船을 보냈다. 쓰시마 도주는 조선의 하사품을 한 번에 수

송할 수 없다는 이유로 국왕사선에 인물재수선人物載輸船이나 인선人船으로 불리는 선박을 여러 척 동행하게 했다. 그러나 동행하는 선박들은 실제로 무역을 위한 것이었다. 이러한 형태의 무역은 따라서 이때부터 영봉선 무역으로 부르는데, 국교단절 기간 동안 양국의 무역을 대행하였다.

1545년(명종 원) 일본국왕사와 소이전사가 도항하여 통교 재개를 요청했다. 조선이 요청을 거부하자 1546년에 쓰시마 도주가 적왜賊倭를 참수해 와서 통교 재개를 요청했다. 이어서 중종과 인종의 치제致祭를 이유로 일본국왕사와 소이전사가 도항하여 통교 재개를 재차 요구했다. 이로써 1547년(명종 2) 정미약조가 체결되었으며, 이 약조를 계기로 영봉선이 사라졌다. 이 약조에 따르면, 쓰시마의 세견선 25척을 대선 9, 중선 8, 소선 8척으로 정하고, 조선의 일본선박용 잡물 지급을 중단하고, 가덕도 서쪽에 정박하는 일본 선박을 적선으로 간주하고, 일본 사절들은 진장鎭將의 명령에 따라 모든 약속을 이행해야 했다.

조선이 대일 무역량을 줄이자 경제적 어려움을 겪고 있던 왜인들이 1555년(명종 10) 왜선 70여 척에 타고 강진, 장흥, 영암, 진도 등을 약탈했으며, 그 와중에 전라병마절도사, 영암군수, 장흥부사 등이 전사했다. 이 을묘왜변은 조정에서 파견한 군대에 의해 진압되었다. 후에 쓰시마 도주가 왜구의 수급을 바치고 사과하면서 세견선의 척수를 늘려달라고 요구했으며, 조선은 이를 승낙했는데, 양국의 무역은 이러한 상태로 임진왜란 직전까지 계속되었다.

한편 일본은 막부 통치기였지만, 지방 영주에 해당하는 다이묘大名들이 반기를 들어 전국시대를 맞이했다. 상업도시와 농업 및 소규모 제조업의 발전과 같은 경제 발달로 지방 자치권에 대한 요구가 강력해지고, 지진과 기아 같은 자연재해로 농민봉기가 발생했다. 또한 막부 계승전쟁(오닌의 난)이 11년간 (1467~1477) 지속되었다. 지방에서는 능력위주의 풍토가 거세져 권력을 찬탈하는 하극상이 종종 발생하고, 종교 단체들도 다이묘에 대항하여 농민 봉기를 유도했다. 1세기에 걸친 정치적 불안과 내란을 거의 끝내가던 오다 노부나가織田信長가 1582년의 부하의 배반으로 사망한 후, 도요토미 히데요시豊臣秀吉가 전국을 통일했다. 그는 1584년 신분 때문에 쇼군將軍이 되지 못하고 관백關白의 지위에 올랐다. 도요토미는 1592년 조선을 침략하여 임진왜란을 일으켰지만, 그가 1598년 사망하자 곧 전쟁이 종료되었다. 그러나 일본은 다시 혼란에 빠져 내란이 발생했으며, 1600년 도쿠가와 이에야스德川家康가 최종 승자가 되어 1603년 도읍을 교토에서 에도로 옮기고 에도江戸 막부시대를 열었다.

을묘왜변 이후 사실상 조선과 일본의 외교관계는 소원해졌다. 그러다가 1586년 쓰시마 도주 소 요시토시宗義智는 자신의 가신인 다치바나 야스히로橘康廣를 시켜 히데요시의 국서를 갖고 조선에 입조하게 했다. 1589년에는 도요토미의 지시로 쓰시마 도주가 직접 조선에 입조하여 조총과 칼 등을 바치면서 사신 파견을 요청했다. 일본의 정세가 심상치 않음을 알고 있던 조선은 정보 수집을 위해 1590년 통신사를 파견했으며, 통신사 일행은 1591년 귀국했다. 일본이 정명가도征明假道를 요구했지만, 통신사 일행은 당파에 따라 상이한 보고를 하여 논란만 일으켰다. 일본은 침략 직전에 왜관의 왜인을 모두 본국으로 송환했으며, 그때에서야 전쟁이 임박했음을 감지한 조선은 전쟁준비를 시작했다. 그리고 1592년 일본군의 조선 침략으로 임진왜란이 발생하여 1598년까지 7년 동안 계속되었다.

쓰시마 도주는 종전이 되자마자 부산으로 사절을 보내 국교 재개를 요청했다. 조선은 이 쓰시마 사절이 머물면서 논의할 장소로 1601년 절영도(현 부산 영도)에 임시로 왜관을 설치했다. 1603년 쓰시마 도주가 부하인 다치바나 토모마사橘智正를 보내 조선인 85명을 송환하면서 화평과 사신 파견을 조선의 예조에 요청했다. 조선은 도쿠가와에 대한 정보 수집의 필요성 그리고 명의 몰락과 만주족의 비상이라는 국제정세 때문에 일본과 외교관계를 재수립하게 되었다. 이를 위해 조선은 일본이 국서를 정식으로 보내 공식 사죄하고, 임진왜란 중 왕릉 도굴범을 압송하며, 일본으로 끌려간 조선인들을 송환해야 한다는 3가지 전제조건을 제시했다. 국교 재개가 생존문제와 연결된 쓰시마에서 도주는 국서를 위조하고 가짜 도굴범을 압송하는 것으로 두 가지 사항을 해결했다. 송환 문제는 1604년 조선의 의병장이었던 사명대사가 강화교섭과 재침 여부를 확인하기 위해 선조의 국서를 보유하고 도일하는 것으로 해결했다. 그는 원래 쓰시마에 가려 했으나, 교토로 가서 도쿠가와와 화평조약을 체결하고 조선인 포로 3,500명을 송환하여 1605년에 귀국했다.

조선은 제시한 3가지 조항이 해결된 것으로 간주하여 1607년 회답사 파견과 국교 재개를 논의하러 온 일본 사신들에게 숙소를 제공하기 위해 1607년 절영도의 임시 왜관을 폐쇄하고 왜관을 두모포에 설치했으며, 같은 해에 조선은 회답 겸 쇄환사를 일본에 파견하여 양국의 국교를 회복했다. 이어서 1609년 (광해 1) 일본국사와 조선의 선위사가 부산에서 기유약조를 체결했다. 이 조약의 주요 내용은 세견선을 20척으로 제한, 세사두미를 100석으로 확정, 쓰시마 도주의 도서를 보유한 선박만 조선 방문 가능, 일본 사신의 왜관 체류일 제한, 일본 사신의 한양 방문 금지 등이었다.

1635년 야나가와柳川사건이 발생하여 쓰시마 도주가 조선과 일본의 국서를 위작한 사건이 폭로되었다. 도주의 가신이었던 야나가와 시게오키柳川調興가 막부 휘하로 들어가면서 세력다툼이 일어났는데, 그 와중에서 야나가와는 도주 소 요시나리宗義

23

成가 1606년부터 1624년까지 조선 국왕과 쇼군의 문서를 위조한 사실을 폭로했다. 조선과 막부는 이 사건을 계기로 양국의 외교관계를 재정비했다. 일본의 문서는 연호를 일본 연호로 사용하고 쇼군을 국왕이 아닌 대군大君으로 호칭함으로써 기존의 중국 중심 국제질서와는 다른 질서를 만들었다. 또한 막부가 외교승을 쓰시마에 파견하여 조선과의 외교를 직접 관장하기 시작했다.

조선의 회답 겸 쇄환사는 두 차례 더 파견되었다(1617, 1624). 또한 1635년부터는 겸대兼帶 제도가 시행되어 외교와 무역을 구분했다. 무역상품을 선적한 소형선飛船이 무제한으로 양국을 왕래할 수 있게 했으며, 그 결과 18세기에 비선이 80여 회나 왕래했다. 조선은 1678년에 왜관을 초량으로 이전하여 거류민 주택, 시장, 창고, 관청, 신사 등을 건축했다. 1636년부터는 조선이 일본에 통신사만 파견했는데, 1811년까지 12회 파견되었다. 통신사는 대등한 국가 간에 신의를 통하는 사절을 의미했다.

서구 해양세력의 서세동점 활동이 전개되자, 청과 조선은 양이배척론으로 쇄국정책을 강화했다. 반면에 일본은 네덜란드 상인들을 통해 서구 문물을 신속하게 받아들이기 시작했으며, 일본인의 인식도 서구 중심으로 바뀌기 시작했다. 19세기에 이르자 서구화에 어느 정도 성공했다고 생각한 일본은 조선으로부터 더 이상 배울 것도 수입할 것도 없다고 판단하여 비용이 많이 드는 조선외교사절의 왕래를 중단했다. 또한 일본은 근대화, 식민지 건설과 착취, 선진문화의 계몽적 역할, 군사력 강화 등을 중심으로 한 서구 제국주의를 모방하고 추종했다. 1875년 운양호雲揚號 사건을 계기로 1876년 조일수호조약을 체결하고, 한반도와 그 해역에서 청일전쟁과 러일전쟁을 벌인 후 1905년 제2차 한일협약(을사늑약)을 강제로 체결하여 조선의 외교권을 박탈하기에 이르렀다.

일본국왕사가 조선에 파견된 것은 71회였는데, 16세기 중엽까지 파견된 횟수가 60여회이기 때문에 대부분 조선 전기에 파견된 것으로 볼 수 있다. 임진왜란 이후 즉 조선 후기에는 쓰시마 사신이 조선에 많이 파견되었다. 조선 후기에 쓰시마 도주가 조선에 파견하는 사신은 차왜差倭로 불렀다. 기유약조(1609) 이후 무역 거래와 무역량 증대를 요청하기 위해 조선에 파견된 두왜頭倭에서 비롯된 차왜는 1635년(인조 13)부터 조선에서 외교사행으로 대접받기 시작했다. 그러나 차왜와 관련된 규정은 1680년(숙종 6)에 확정되었다.

쓰시마 도주가 조선에 보내는 사신선은 세견선과 특송선으로 불렸다. 세견선은 형식상으로 사신선이었지만, 실제로는 상선이었다. 특송선은 쓰시마 도주가 특별한 사안이 있을 때 보내는 사신선으로 외교적 성격을 유지하였다. 특송선을 타고 오는 사신은 특송사로 불렸는데, 1512년(임신약조) 폐지되었다가

1609년(기유약조)에 부활되었다. 쓰시마 도주가 매년 8회 파견하는 팔송사는 1637년부터 연례팔송사로 정착되었으며, 세견선이 팔송선을 겸하기도 했다.

조선에서 쓰시마에 파견되는 사절은 문위행으로 불렸다. 문위행의 대표는 역관이었으며, 일본의 사정을 수집하는 역할을 했다. 1632년(인조 10) 미나모토 이에타나源家忠가 관백을 습직하자 쓰시마 도주 소 요시나리宗義成가 조선에 문위사절을 요청했으며, 조선은 도해역관渡海譯官 등 56명을 쓰시마에 파견했다. 이때부터 시작된 문위행은 1860년까지 총 54회 파견되었다.

조선 전기 조·일간의 외교통상 관계는 그 성격, 규모, 형태 등 여러 면에서 다르기 때문에 전기와 후기로 나누어 더 자세히 살펴볼 필요가 있다. 『조선왕조실록』과 『해행총재』에 따르면, 조선이 일본에 사신을 파견한 것은 〈표 1〉과 같다.

〈표 1〉 조선시대 외교사절의 파견 현황

연도	조선	일본	외교 사절	비고
1392	태조 원	쇼군(아시카가 요시미쓰, 足利義滿)	통신사 (승려 覺錘)	교토(京都), 왜구 단속 요청, 본국인 100명 송환
1394	태조 3	일본 정부	회례사(金巨源, 승려 梵明)	본국인 569명 송환
1394	태조 3	규슈절도사 (九州節度使)	회례사(崔龍蘇)	본국인 560명 송환
1395	태조 4	규슈절도사	회례사(金積善)	불경 전달
1397	태조 6		통신사(朴仁貴)	쓰시마
1397	태조 6	오우치 요시히토 로구슈 (六州守護 大內義弘)	회례사, 통신관(朴惇之)	쓰시마, 본국인 100명 송환

연도	조선	일본	외교 사절	비고
1399	태조 8		보빙사(崔云嗣)	교토, 해상조난
1400	정종 2		회례사(尹銘, 李藝)	쓰시마, 이키시마
1401	태종 1		회례사(李藝)	쓰시마, 이키시마, 본국인 50명 송환
1402	태종 2	아시카가(足利)막부	수호사(朴惇之)	
1404	태종 4	일본 국왕	보빙사(呂義孫)	교토
1406	태종 6	일본 국왕	보빙(尹銘)	교토, 서생포 해상 조난
1406	태종 6		회례관(李藝)	본국인 70명 송환
1407	태종 7	소 사다시게(宗貞茂)	통신사(李台貴)	쓰시마
1408	태종 8	사사전(志佐殿)	호송관(李春發)	피로인 28명 송환
1408	태종 8	오우치전(大內殿)	회례관(崔在田)	본국인 44명 송환
1408	태종 8	오우치전	보빙사(金浹)	불경과 불화 전달
1408	태종 8	소 사다시게(宗貞茂)	통신사(向化倭人 平道全)	쓰시마, 본국인 송환
1409	태종 9	소 사다시게	보빙(向化倭人 平道全)	쓰시마
1408	태종 8		통신관(朴和)	일본 본국, 본국인 1000여명 송환
1410	태종 10	일본 국왕	보빙사(梁需)	보빙과 조상, 도적 조우
1410	태종 10	소 사다시게	수신사(李藝)	쓰시마, 도주에게 후사
1411	태종 11	소 사다시게	수호사(向化倭人 平道全)	쓰시마
1413	태종 13	일본 국왕	회례관(朴礎)	
1414	태종 14	일본 국왕	통신사(朴賁)	왜병 경상도 미출발로 중단
1414	태종 14	소 사다시게	(池溫)	쓰시마, 울산 왜변(105명) 유시, 왜선 10척으로 제한
1418	태종 18	쓰시마 슈고	(李藝)	소 사다시게에 대한 치제와 부의
1420	세종 2	일본 국왕	회례사(宋希璟)	교토, 대장경 전달
1422	세종 4	일본국왕	회례사(정사 朴熙中, 부사 李藝, 서장관 吳敬之, 통사 尹仁甫)	교토, 히카타(博多)에서 일본 승려들이 선군(金貞)을 구타 살해
1424	세종 6	규슈(前都元帥), 오우치전	회례사(정사 朴安臣, 부사 李藝, 종사관 孔達)	쓰시마, 규슈, 교토
1426	세종 8	소 히코시치(宗彦七)	사물관압사(李藝)	이와미(石見), 쓰시마
1428	세종 10	일본국왕, 오우치전	통신사(정사 朴瑞生, 부사 李藝, 서장관 金克柔, 통사 尹仁甫)	요시노리(義敎) 계승 축하

연도	조선	일본	외교 사절	비고
1432	세종 14	일본 국왕, 막부	회례사(정사 李藝, 부사 金久冏, 종사관 房九成)	해적 조우
1438	세종 20	소 사다모리(宗貞盛)	경차관(李藝)	쓰시마
1439	세종 21		경차관(李藝)	쓰시마
1439	세종 21	일본 국왕	통신사(정사 高得宗, 부사 尹仁甫, 서정관 金禮蒙)	쓰시마
1443	세종 25	일본국왕, 오우치전, 소 사다모리	통신사(卞孝文, 부사 尹仁甫, 서장관 申叔舟)	사위(嗣位) 축하, 쓰시마, 이키시마, 규슈, 교토
1443	세종 25		대마주체찰사 (李藝, 부사 牟恂)	쓰시마, 이키시마, 본국인 송환
1443	세종 25	오우치전	초무관(康勤善), 종사관(皮尙宜)	이키시마, 왜구 나포, 본국인 송환
1447	세종 29	소 사다모리	경차관(曺彙)	쓰시마, 도주가옥화재 위문
1448	세종 30	소 사다모리	보빙사(皮尙宜)	쓰시마, 이키시마, 표류인 송환
1452	단종 원	소 시게모토(宗成職)	치전관(李堅義), 치부관(皮尙宜)	쓰시마, 조상(弔喪)과 치전(致奠)
1454	단종 2	소 시게모토	경차관(元孝然)	쓰시마
1459	세조 5	일본국왕, 오우치전	통신사(宋處儉, 부사 李從實, 서장관 李覲)	해상조난
1461	세조 7		보빙사(皮尙宜)	쓰시마, 소 시게모토(宗成職) 사망
1461	세조 7		경차관(金致元, 종사관 金瑾)	소 시게모토(宗成職) 조문
1468	세조 14		치위관(金好仁)	쓰시마
1470	성종 1	소 사다쿠니(宗貞國)	선위관(田養民)	쓰시마, 이키시마, 규슈
1475	성종 6		통신사(裵孟厚, 부사 李明崇, 서장관 蔡壽)	
1476	성종 7	소 사다쿠니	선위사(金自貞)	쓰시마
1479	성종 10		통신사(李亨元, 부사 李季仝, 서장관 金訢)	쓰시마, 일본국
1487	성종 18		선위사(鄭誠謹)	쓰시마
1494	성종 25	소 사다쿠니	경차관(權柱)	쓰시마
1496	연산군 2		치전관(金碑), 치위관(張挺)	쓰시마
1509	중종 4	소 우기모리(宗材盛)	경차관(尹殷輔, 통사 金石柱)	쓰시마. 도주 사망으로 충주에서 중단

연도	조선	일본	외교 사절	비고
1510	중종 5		치위관(李軾, 康仲珍)	쓰시마
1522	중종 17		수문사	쓰시마
1590	선조 23	도요토미 히데요시 (豊臣秀吉)	통신사(상사 黃允吉, 부사 金誠一, 서장관 許箴)	교토
1596	선조 29	도요토미 히데요시	통신사(정사 黃愼, 부사 朴弘長), 명 책봉사(楊萬亨, 沈惟敬) 동행	명 책봉사 수행, 오사카(大阪)
1607	선조 40	일본 국왕	수호·회답겸쇄환사(정사 呂祐吉, 부사 黃暹, 종사관 丁好寬)	국서 위조, 국교회복, 포로 쇄환, 에도(江戶)
1617	광해 9	일본 국왕	회답겸쇄환사(정사 吳允謙, 부사 朴梓, 종사관 李景稷)	국서 위조, 국내 평정 축하, 포로 쇄환, 에도
1624	인조 2	일본 국왕	회답사(정사 鄭岦, 부사 姜弘重, 종사관 辛啟榮)	국서 위조, 이에미쓰(家光) 습직(襲職), 포로 쇄환, 에도(江戶)
1636	인조 14	일본 국왕	통신사(정사 金世濂, 부사 黃㦿, 종사관 權侙)	일본국 대군(大君) 호칭 제정, 태평 축하, 닛코(日光)
1643	인조 21	일본 국왕	통신사(정사 尹順之, 부사 趙絅, 종사관 申濡)	도쿠가와 이에쓰나(德川家綱) 출생, 東照宮 낙성, 닛코
1655	효종 6	일본 국왕	통신사(정사 趙珩, 부사 俞瑒, 종사관 南龍翼)	도쿠가와 이에쓰나(德川家綱) 습직, 닛코
1682	숙종 8	일본 국왕	통신사(정사 尹趾完, 부사 李彥綱, 종사관 朴慶俊)	도쿠가와 쓰나요시(德川綱吉) 습직, 에도
1711	숙종 37	일본 국왕	통신사(정사 趙泰億, 부사 任守幹, 종사관 李邦彥)	도쿠가와 이에노부(德川家宣) 습직, 에도
1719	숙종 45	일본 국왕	통신사(정사 洪致中, 부사 黃璿, 종사관 李明彥)	도쿠가와 요시무네(德川吉宗) 습직, 에도
1748	영조 24	일본 국왕	통신사(정사 洪啟禧, 부사 南泰耆, 종사관 曹命采)	도쿠가와 이에시게(德川家重) 습직, 에도
1763	영조 40	일본 국왕	통신사(정사 趙曮, 부사 李仁培, 종사관 金相翊)	도쿠가와 이에하루(德川家治) 습직, 에도
1811	순조 11	일본 국왕	통신사 (정사 金履喬, 부사 李勉求)	도쿠가와 이에나리(德川家齊) 습직, 쓰시마

조선은 일본에 사절을 전기에 58회, 임진왜란 무렵에 2회, 후기에 12회, 총 72회 파견했다. 가장 많이 파견한 시기는 태종(19), 세종(14), 태조(7), 성종(6), 세조(4)의 치세 순이다. 치세기간을 감안하면, 태조와 태종의 치세기간에는 대략 약 1회 가량 파견했으며, 세종의 치세기간에는 2년에 한 번씩 파견한 셈이다. 조선 초기에 해당하는 태조~태종~세종의 치세기간에 사신을 많이 파견한 것은 왜구의 문제가 그만큼 심각했기 때문이다. 다른 시기는 대체로 수년에 1회씩 파견하여 정상적인 파견 횟수인 것으로 보인다.

파견 이유는 일본에 끌려간 조선인 송환, 왜구 단속 요구, 막부의 쇼군이나 쓰시마도주의 사망, 신임 쇼군이나 쓰시마도주의 습직, 대장경과 범종 같은 불구佛具의 전달, 정보수집, 강화 교섭 등 다양했다. 그러나 전기에는 왜구 단속, 조선인 송환, 쇼군이나 도주의 사망에 따른 파견이 많았고, 후기에는 쇼군의 습직에 따른 파견이 많았다.

사절의 명칭은 총 21가지로 매우 다양했다. 전기에는 대등한 외교원칙에 의해 파견하는 사신(통신사, 통신관), 일본 사신의 파견에 대한 답례로 보내는 사신(회례사, 회례관, 보빙사, 회답관), 주요 인물의 사망이나 재앙을 위로하는 사신(치전관, 치부관, 치위관, 선위사, 선위관, 초무관), 특수 임무를 수행하는 사신(체찰사, 경차관, 수문사, 호송관, 수문사, 수호사, 수신사, 사물압관사), 포로가 된 자국인을 송환하는 사신(쇄환사)으로 대별된다. 후기에는 통신사가 주로 파견되었고, 회답 겸 쇄환사와 회답사는 임란 직후에 파견되었다.

조선이 사신을 파견한 최종 목적지는 교토, 쓰시마, 이키시마, 규슈, 혼슈 서남부 등이었다. 그중에서도 쓰시마가 사실상 제일 많았으며, 다음으로 교토, 이키시마, 규슈, 혼슈의 순으로 많았다. 조선 전기에는 최종목적지들이 이처럼 다양했지만, 후기에는 최종목적지가 대부분 에도였고, 닛코도 3회 있었다.

조선 전기에 최종 목적지가 여러 곳이었던 이유는 일본 정세 때문이었다. 아직 중앙집권체제가 강력하지 못하고 지방 영주들의 권력이 강했으며, 권력이나 영토를 두고 다툼이나 전쟁이 많이 발생했다. 특히 혼슈 서남부 지방과 규슈 지방은 이처럼 복잡하고 혼란스러운 정세를 잘 보여주고 있다. 조선은 교토의 막부와 직접 외교통상관계를 유지하기에는 조선과 교토가 너무 멀었고, 그 사이에 바다와 내해가 존재하고 있었으며, 교토로 가려면 쓰시마, 이키시마, 규슈, 혼슈 서남부 지방을 반드시 통과해야만 했다. 또한 이 지역들의 세력가들은 조선 조정과 일본 막부의 중개자 역할을 하거나 일본 막부를 대신하였고, 독자적으로 왜구가 되어 조선을 침구하였고, 때로는 조선과 외교통상관계를 유지하려고 했다. 이러한 이유들 때문에 조선은 그 지방 세력가들을 무시할 수 없었는데, 조선 전기 동안 이 지역들의 상황을 살펴보면 다음과 같았다.

무로마치室町 막부가 규슈를 통제하기 위해 1336년 설직한 군사행정직으로 진서관령鎭西管領으로도 불리던 규슈 단다이九州探題는 남북조 내란 말기에 규슈 지방을 통치하는 관리직이 되어 고려와 조선과의 외교를 담당했다. 그 예로, 1394년에 단다이가 조선인 포로 659명을 송환하고 왜구를 금지시키겠다고 약속했다. 1395년에는 570명을 송환했다. 조선은 감사 사절을 보내 토산물과 불경을 선물했다.

1391년 이후 스오周防, 나가토長門, 이즈미和泉, 기이紀伊, 부젠豊前, 이와미石見의 6개 지역을 통치하던 규슈의 오우치씨(大內氏, 백제왕실의 후손)도 1395년 이후 조선과의 독자 무역을 150년간 200회 이상 했다. 오우치씨는 규슈 북부를 지배하는 규슈 단다이가 되었다가 1467년부터 오닌応仁의 난에서 전공을 세워 막부에도 영향을 미치는 슈고 다이묘守護大名가 되었다. 1528년 이후에는 서국西国 제일의 센고쿠 다이묘戦国大名가 되어 중흥기를 맞이했다.

규슈 북부의 다자이후大宰府에 있던 쇼니씨少貳氏는 지쿠젠筑前, 히젠肥前 등 기타큐슈北九州 지방의 고케닌御家人이자 슈고 다이묘守護大名였다. 쇼니씨는 규슈 단다이를 놓고 여러 가문과 분쟁을 일으켰으며, 남북조 전쟁에서 패한 후 오우치씨에게 밀려 쓰시마로 달아나 권토중래를 기다리다가 전국시대에 멸망했다.

1421년 마쓰우라松浦 일족인 사사씨志佐氏가 이키시마의 슈고로 임명되어 이키시마 도주가 되었다. 시사씨는 조선과의 교역에 주력하여 마쓰우라 일족이 조선과의 교역에서 정점을 차지할 수 있게 했다. 시사씨는 1472년 하타씨波多氏에 의해 멸망했으며, 이때부터는 하타씨가 조선과의 교역을 담당했다.

쓰시마는 척박한 산악지형이 대부분이라 식량은 물론 생필품도 거의 대부분 외부에서 도입해야 했다. 쓰시마인들은 거리가 조선이 훨씬 가까웠기 때문에 조선으로부터 필요한 물자를 얻으려 했다. 조선 전기에는 일본의 중앙집권체제가 강력하지 못하고 영토와 권력을 두고 다툼은 물론 내란과 전란까지 자주 발생했기 때문에 쓰시마가 왜구의 주요 근거지가 되거나 쓰시마인들이 조선과의 외교통상업무를 거의 전담하다시피 했다. 전기에 조선 사절의 최종 목적지에서 쓰시마가 가장 많았던 것은 이 때문이다. 조선 후기에는 쓰시마인들이 강력한 막부의 통제 하에 외교통상 업무를 대행하거나 외교사절을 안내하는 중개 역할을 전담했다.

조선의 국왕과 일본의 국왕 또는 쇼군은 사절을 보내 국서國書를 주고받았다. 이 국서에는 일본국왕으로 썼는데, 1636년부터 쇼군을 대군으로 호칭하다가 1711년부터 다시 국왕으로 호칭했다. 조선 예조의 참판, 참의, 좌랑은 일본의 집정執政, 봉행奉行, 집사執事, 서경윤西京尹, 근시近侍, 쓰시마 도주, 만송원萬松院,

이정암以酊菴, 호행장로護行長老 같은 직위의 관리들과 직위에 따라 서계書啓와 선물목록인 별폭別幅을 주고받았다.

한편 조선은 일본과의 무역을 외교의 부수적인 행위로 간주하고 사무역을 엄격히 통제했다. 교역 상대는 막부와 지방 영주 및 쓰시마 도주였다. 이 무역은 이익 추구보다는 제도무역으로 왜구의 발호와 난동을 억제하기 위한 것으로 일종의 감합무역이었다. 조선은 부산에 왜관을 설치하여 왜인의 주둔을 허용했는데, 왜관은 일본의 외교통상기지 역할을 했다. 조선은 일본에 한 때 통신부通信符를 발급했지만, 일반적으로 도서圖書, 서계書契, 문인文引 등의 문서를 사신 확인서로 사용했다.

문인은 원래 조선에서 상인세금 징수와 통제 그리고 군사목적으로 사용하는 것으로 행장行狀이나 노인路引이라고도 불렀다. 예를 들면, 1407년(태종 7) 교역을 목적으로 한 흥리선興利船의 정박지를 부산포와 내이포로 제한하면서 쓰시마 도주, 이키시마 도주, 규슈 슈고 다이묘 등 유력자를 지칭하여 행장을 발행했다. 흥리선은 해당지역 행장, 사송선은 규슈절도사의 서계, 쓰시마의 사송선은 도주의 서계를 휴대할 의무가 있었다. 1426년 쓰시마 도주인 소 사다모리는 일본국왕사를 제외한 노인 미소지자에 대해 접대를 하지 말아달라고 요청했다. 이때부터 노인이 도항증명서로 제도화되었고, 쓰시마 도주의 문인이 사용되기 시작했다. 1443년(세종 25) 계해조약으로 문인이 조선을 도항하는 왜사의 통제도구 역할을 했다. 조선은 이 문서를 이용하여 일본을 조선의 외교질서에 편입하고, 그럼으로써 조·일의 외교관계를 안정적으로 유지할 수 있었다.

조선 후기의 통신사 파견 시기는 조선과 일본 양국의 대등하고 가장 평화적인 외교통상관계가 형성되고 유지된 시기로 간주되고 있다. 그 시기에는 양국 사이에 눈에 띌만한 불협화음이 보이지 않았고, 통신사 사절단에 대한 예우가 극진했으며, 문물의 교환과 인적 교류가 활발했다. 왜관과 쓰시마를 중심으로 한 양국의 통상활동도 활발하게 실시되었다. 양국은 이 시기에 정상적인 외교통상관계를 유지했으며, 이 책에서 이 시기를 집중적으로 서술하려는 것도 바로 이 때문이다.

3 통신사선단의 준비

　조선은 통신사나 통신관을 일본에 총 21회 파견했는데(〈표 1〉), 전기에 10회, 임진왜란 직전과 전쟁 기간 2회, 후기에 9차례였다. 그러나 전후에 3차례에 걸쳐 연속 파견된 조선 사절의 명칭이 회답 겸 쇄환사나 회답사였지만, 흔히 통신사의 범주에 포함시켜 통신사가 후기에 12회 파견된 것으로 간주하기도 한다.

　통신사를 파견한 이유는 시대마다 서로 달랐다. 조선 전기에는 왜구 금압 요청, 왜구에 끌려간 조선인의 본국 송환, 쇼군 습직 축하 등과 같은 정치외교적인 목적 때문에 주로 파견되었다. 임진왜란 무렵에는 전쟁발발관련 정보 수집, 강화교섭과 같이 전쟁관련 임무를 부여하여 통신사를 파견했다. 전후에 조선은 한동안 도쿠가와 막부를 통신국으로 인정하지 않아 회답 겸 쇄환사를 파견했다(1607, 1671, 1624). 1636년 이후에는 새로운 쇼군의 습직 축하, 사망한 전임 쇼군의 치제 등의 명분으로 통신사를 파견했다. 조선은 명·청 교체로 중화질서가 붕괴되자

탈중화의 교린관계를 유지하고 양국이 연대할 필요성을 느꼈고, 일본은 새로운 막부의 국내외 선전과 안정화, 조선의 선진문물 도입 등의 필요성을 느꼈기 때문이다. 그런데 통신사관련 자료는 조선 전기의 것이 드물고, 그 대신 후기의 것은 풍부하다. 따라서 이제부터는 자료가 풍부한 조선 후기의 통신사행에 대해 서술하려 한다.

통신사의 실제 파견 목적은 시기마다 다르고 다양했다. 1636년에는 명·청 교체로 양국이 연대감을 확립하고, 국서개작사건을 처리하며, 일본 국정을 탐색하는 것이 파견 목적이었다. 1643년에는 청의 압력을 견제하고, 겸대兼帶 제도를 시행하면서부터 증가한 무역량의 축소를 위해 교섭하며, 일본 해금정책과 정세와 관련된 정보를 수집하기 위해 파견되었다. 1655년에는 조선에 나돌았던 일본의 가도조선假道朝鮮의 소문을 확인할 필요가 있었다. 1682년에는 쓰시마 무역과 관련하여 조시약정朝市約定(7개조)을 체결해야 했다. 1711년에는 아라이 하쿠세키新井白石의 외교의례 개정에 대해 협의하는 것이 필요했다. 1719년에는 외교의례 복귀에 대한 조선의 입장을 전달하고, 쓰시마에서 표인차왜漂人差倭의 조약을 체결하기 위해 파견되었다. 그리고 1748년, 1764년, 1811년에는 쇼군의 습직을 축하하고 교린관계를 확인하기 위해 파견되었다.

일반적으로 통신사 파견은 쓰시마 도주가 막부의 명으로 쇼군의 승습 사실을 전달하는 사신關伯承襲告慶差倭을 조선에 파견하는 것으로 시작되었다. 도주는 이어서 통신사를 보내달라고 요청하기 위해 사신通信使請來差倭, 修聘參判使을 보냈다. 이 요청을 받은 조선 조정은 먼저 예조에서 사전 검토하고 조정에서 논의한 후 파견 여부를 결정했다. 파견한다고 결정했을 때에는 그 결정사항을 왜관에 통보했다. 왜관을 통해 이 사실을 통보받은 쓰시마 도주는 통신사의 도일 문제를 협의하기 위해 사신信使迎裁判差倭을 부산의 왜관에 파견했다. 조선의 예조는 쓰시마 도주의 사신과 협의한 후 구체적인 협의 내용을 조정에 보고했고, 조정은 이를 논의한 후 최종적으로 확정했다. 이어서 조정이 통신사 일행을 선정하면, 그 일행은 한양을 출발하여 육로로 동래부에 도착했다. 통신사 선단은 동래부를 출항할 때부터 쓰시마에서 온 차왜信使迎裁判差倭의 항해 안내를 받아 쓰시마에 도착했으며, 쓰시마에서 오사카와 요도우라까지 왕복 항해를 할 때에는 쓰시마 선단이 선도했다. 통신사 선단이 각 지방을 지날 때마다 해당 지역의 번주藩主들이 교대로 호행, 숙박, 안내 등을 담당했다. 통신사 선단이 쓰시마에서 동래부까지 귀국항해를 할 때에도 쓰시마 차왜가 안내했다.

통신사 파견에 대한 조정의 논의는 통신사 파견을 요청받은 후부터 파견된 통신사가 돌아올 때까지 계속되어 4년 정도의 기간에 걸쳐 진행되었다. 조선이 통신사를 파견하는 것은 조정과 지방의 물력과 인력을 동원하여 장기간 준비하여 실시한 국가적 업무였다고 할 수 있다.

통신사를 파견하기 위해 노력한 사람들은 6개 집단으로 나눌 수 있다. 첫째, 국왕이다. 국왕은 지방에서 올리는 장계狀啓, 중앙관부가 보고하는 계목啓目, 계사啓辭, 계품啓稟, 신하를 알현하게 하는 입시入侍, 자신의 명령을 전하는 전교傳敎, 그밖에 주강晝講 등을 통해 자신의 의도와 결심사항을 전했다. 둘째, 대신, 예조, 비변사, 승정원, 훈련도감, 사역원, 선공감, 군기시, 사복시, 승문원, 승조원의 11개 부처인데, 예조와 대신 및 비변사가 주로 많은 일을 했다. 셋째, 경상감사. 전라감사, 충청감사, 강원감사. 함경감사, 평안감사, 황해감사가 지휘하는 7개 도였는데, 부산포가 소속되어 있는 경상감사가 가장 많은 일을 처리했으며, 나머지는 필요한 물품 확보 등과 같은 일을 지원했다. 넷째, 동래부사, 남평현감, 능주목사 겸 남평현감, 함평현감, 홍양현감, 안악군수, 영암군수, 강진군수 겸 해남군수가 지휘하는 10개 지역이었는데, 동래부사가 대부분의 일을 맡아했다. 통신사선단의 출항지가 부산포이고 또 왜관이 가까운 곳에 위치하고 있었기 때문에 동래부사의 역할이 클 수밖에 없었던 것이다. 다섯째, 삼도수군통제사, 경상좌수사, 경상우수사, 전라좌수사가 지휘하는 지방 수군사령부였다. 그들은 통신사선, 선박용품과 무기, 선박운항요원, 군관 등을 건조하고, 준비하여 제공해야 했다. 여섯째, 조정에서 파견하는 통신사와 접위관이다. 통신사, 종사관, 회례사은사는 직접 일본에 파견되는 주체로서 많은 일을 할 수밖에 없었으며, 경접위관이나 접위관은 차왜들을 대접하는 일을 했다.

조정은 공적인 선물인 공예단公禮單과 사적인 선물인 사예단私禮單을 예단으로 준비해야 했다. 예단 수령 대상자는 총 260명이었는데, 공예단을 받는 사람은 총 10명이었고, 사예단을 받는 사람은 250명이었다. 예단은 농산물, 수산물, 동물가죽, 살아있는 동물, 한약과 향, 직물, 붓·먹·벼루, 종이, 부채, 돗자리, 기타로 총 11가지 유형의 물품이었다. 통신사의 생필품에 해당하는 잡물은 농수산물, 동물과 그 가죽, 문방구, 직물, 가구, 철기, 도자기, 생활도구 등으로 구성되었다. 조정은 순시령기巡視令旗, 언월도偃月刀, 장검長劍, 삼지창三枝槍, 삼혈총三穴銃 등의 군물軍物과 형명기形名旗, 독纛, 취라치吹螺赤 같은 의전용구도 준비했다. 짚, 띠, 부들 등으로 엮어 만든 뜸을 지칭하는 초둔草芚, 밧줄을 만드는 산마山麻와 숙마熟麻, 휘장용 비단인 홍릉지초紅綾只綃, 타를 가리키는 치목鴟木 등의 선구船具도 준비했다. 조정은 먼저 필요한 물품을 각 도에 복정했으며, 각 도는 이를 관할 지역들에게 분정分定하였다.

통신사 일행의 의복과 노자도 준비했다. 삼사에 대한 것은 조정의 각 부처에서 준비했지만, 다른 일행에 대해서는 소속

관청이나 관아 혹은 부처에서 준비했다.

공예단과 사예단은 종사관이 부산포에서 직접 검사하여 봉인한 후 선적되었는데, 만약 짐을 풀어야 할 경우가 발생하면 반드시 품稟한 후 하라는 지시를 반복하기도 했다. 한편 왕이 직접 물품을 확인하고 봉하게 한 때도 있었다. 통신사가 가져가는 모든 화물은 점검한 후 말이나 소의 등에 실을 수 있는 묶음으로 분류되었다. 이 묶음마다 포장된 내용물이 무엇인지 써놓고 관인을 찍거나 수결을 해놓았다. 그 다음에 전체 바리에 번호를 부여하여 써놓았다. 그런 후 일부는 선내의 천장에 매달아놓거나, 선내 격실이나 하갑판에 쌓아 놓은 후 선박의 요동에 밀리지 않도록 선체에 단단히 매어놓았다.

선적 화물 중에서 예단용 복물은 상선에 싣고, 나머지 잡물은 복선에 나누어 실었다. 알려진 물품 수가 300가지 이상이고, 그 중 7가지의 무게만 해도 73~99톤이었다. 실제로는 100톤을 훨씬 넘었을 것으로 보이는 물품을 선적하려면 사람이 머무는 선실을 포함하여 각 격실의 바닥과 천정까지 충분히 이용해야 했기 때문에, 사람이 다니는 통로를 내기조차 어려웠을 것으로 보인다. 상부 갑판은 파도가 치고, 일본인 선박을 만났을 때 의전행사도 해야 했기 위해 가급적이면 화물을 놓아두지 않았을 것으로 생각된다.

통신사 일행의 규모는 425~546명이었다. 신분이나 직책을 보면 총 106가지였는데, 종으로부터 정사에 이르기까지 그 직책과 신분이 다양하였다. 이처럼 다양하고 많은 인원을 인솔하기 위해서는 자체의 규정이 필요했다. 이 규정은 고시告示(1636) 금단절목禁斷節目(1682), 원역에게 효유하는 글曉諭員役文(1763), 금제조禁制條(1763), 약속조約束條(1763) 등의 이름으로 알려져 있다. 밀매자와 간통자 효시, 국가 비밀 누설 금지, 외국 산물이나 상품 밀매 금지, 금과 은의 개인적인 임대 금지, 금서와 병서 제공 금지, 군기軍器의 개인적인 거래 금지, 무례하거나 불손한 언행자 처벌, 행중 군기 유지, 원역과 역관에 대한 비장의 수검 책임, 장유유서와 계급 존중, 일행 간의 다툼이나 사기행위 금지, 육로 때 급한 질주 금지, 특정 지역 비방과 험담 금지, 법령 준수, 지휘자의 지휘단속 책임 등이었다. 이 규정 중에는 선박 운용의 지휘체계와 그 책임 및 처벌, 선박 운항 시 책임과 침묵 및 위반자 엄벌, 개인적인 무역 행위와 군기 거래의 엄금 등의 선박과 항해에 관련된 내용도 포함되어 있었다.

기강이나 규율은 군관들의 책임이었다. 군관은 장계를 조정에 전달, 통신사선 운행과 일행의 지휘통솔, 정박지나 선박의 수직守直, 인부와 말의 정제整齊, 포로 송환 등의 임무도 수행했다. 군관은 내규를 위반하는 사람들을 군율로 처벌했다. 그러나 현역이나 예비역의 수군 군관이 포함되는 경우는 사실상 아주 적었다.

4 통신사선단의 조직

 통신사선은 총 6척인데, 삼사가 한 명씩 타는 기선騎船 혹은 상선上船 3척과 화물을 싣고 가는 복선卜船 3척이었다. 삼도수군 통제영과 경상좌수영이 통신사선의 건조와 조달을 책임지고 있었는데, 통제영은 대선과 중선 4척을 그리고 경상좌수영은 중선과 소선 2척을 건조하여 제공해야 했다. 상급부대는 상대적으로 큰 통신사선을 담당했으며, 하급부대는 작은 통신사선을 담당했던 것이다. 통신사선은 외교선으로서 위엄을 갖추고 국력을 과시하기 위해 가급적 화려하게 장식되었다. 상선은 붉은 비단을 난간에 둘렀고, 좌우에 장막을 쳤으며, 현측에 청룡을 그렸다. 또한 용과 글자의 무늬가 있는 많은 기치를 세웠고, 갑판에 많은 악기를 배열했다. 출, 입항과 정박 때에는 이러한 의장이 설치되고 유지되었지만, 항해를 할 때에는 모두 철거되었다. 의장이 끝나면, 통신사가 본격적으로 사행에 나서기 전에 통신사선을 점검하고 해상에서 시험항해를 했다.

통신사의 사행단은 임진왜란 이전에 대략 100여 명이었던 것에 비해, 이후에는 5배가량 많은 500명 내외 정도로 꾸려졌다. 삼사의 선발은 조정 대신들과 왕이 결정하지만, 삼사 이외의 일행은 해당 관청에서 선발했다. 그들은 삼사, 군졸, 역관, 학술·의술·행정가, 악사, 말재주꾼, 의전행렬참가자, 소동·종·노자奴子, 선원, 격군의 10가지 유형으로 구분될 수 있다. 삼사는 정사, 부사, 종사관을 지칭한다. 군졸은 자제군관子弟軍官,[1] 명무군관名武軍官,[2] 장사군관壯士軍官,[3] 군관, 초관哨官, 내금內禁, 사령, 나장, 별파진別破鎭 등으로 병부의 군졸과 관아의 하졸들이다. 역관은 수역首譯, 상통사上通事, 당상역관堂上譯官, 차상통사次上通事, 소통사小通事 등으로 주로 통역하는 사람들이다. 학술·의술·행정가는 학문에 정통하고, 글씨를 잘 쓰며, 의술을 펼치고, 기록을 하고, 예단과 여행 경비 등을 관리하는 사람들이다. 악사는 말 위, 선상, 도로, 실내 등에서 악기를 연주하는 사람들이다. 말재주꾼은 기마술이 능하고, 말 위에서 각종 재주를 펼치는 사람들이다. 의전행렬참가자는 각종 깃발을 들고, 지휘권과 권위의 상징물을 들고, 예포나 신호포를 발사하는 사람들이다. 소동·종·노자는 심부름을 하거나 수발을 드는 최

---

1) 통신사가 자신의 자식이나 친인척 중에서 데려가는 군관
2) 명망이 있는 군관
3) 사신 행차 때 군졸 지휘관

하층민들이다. 선원은 배를 지휘하고 관리하는 선장, 닻과 돛 및 밧줄이나 선체 등을 조작하고 실제로 항해하는 사공, 선상에서 요리를 하거나 육류를 처리하는 주방요원들이다. 격군은 문자 그대로 순수하게 노를 젓는 노수를 의미한다. 인원수는 격군, 소동·종·노자, 역관, 선원 순으로 많았다.

선원은 1척당 5.5명 꼴로 배치되었지만, 몇 가지 문제가 있었다. 운항요원들은 연해에서 소형 선박을 운항해본 경험을 가졌을 뿐 대해大海에서 대형 선박을 운항해보거나 외국의 해역을 항해해본 경험이 전혀 없었다. 운항요원을 겸직한 자들은 대부분 선박 운항의 경험이 없었을 뿐만 아니라 항해 중에도 운항에 관여하기 어려웠다. 선박을 지휘하는 선장들이 양반들로 충당되는 경우가 종종 있었는데, 그들은 선박 운항은 물론 선박 자체에 대해서도 무지한 사람들이었다. 도사공으로부터 격군에 이르는 사람들은 모두 천민이었기 때문에 그들의 의견이 존중되지 않았다.

통신사선단은 통신사선 외에도 일본 선박들을 포함했다. 통신사선단을 안내하고 경비하기 위해 쓰시마에서 인원과 선박이 부산포에 왔다. 『통문관지』에 따르면, 8명이 와서 통신사선에 분승하게 되어 있었지만, 해마다 인원이 달랐다. 또한 선박은 1711년에는 6척, 1719년에는 3척, 1763년에는 15척이 왔다. 따라서 부산포를 출항할 때 통신사선단이 적게는 9척으로 많게는 21척으로 편성되었던 것을 알 수 있다.

　이 선단이 쓰시마의 첫 포구에 도착할 때 마중이나 예인하러
나온 쓰시마의 소형 선박은 시기와 포구마다 다양하지만, 적
은 경우는 6척(1624)이었고 많은 경우는 100척(1711)이었다. 그러
나 평균은 40~50척이었다. 또한 쓰시마의 이즈하라嚴原를 출항
할 때에는 일본의 호행선이 24척에서 100척까지의 규모였다.
이키시마壱岐島의 가쓰모토우라勝本浦에서는 호행선이 40척에서
100척까지였다. 세토나이카이瀬戸內海에서는 각 지역마다 지방
에서 나오는 호행선의 규모는 일정치 않아 30척(1748, 가미노세키
上関)으로부터 1,000척(1719, 무로쓰 室津)에 이르기까지 다양했다.
오사카 하구에서 환승하여 요도가와淀川를 항해한 통신사선단
은 누선은 4~10척이었고, 이를 호위하거나 예인하는 소형 선
박은 수십 척에서 150척에 이르기까지 했다. 강안江岸에서도 예
인하는 역할을 하는 수천 명의 인력이 있었다.

5 통신사선단이 항해한 바다

1. 해상 사행로의 항해 여건

조선의 대신들은 통신사보다 연행사로 선출되어 가는 것을 선호했는데, 일본보다 중국에 가는 것을 더 좋아했다는 뜻이다. 당시 조선인들에게는 명·청은 선진국이었고, 일본은 후진국이었다. 오늘날 외교관들이 미국, 중국, 일본, 영국, 프랑스처럼 강대국으로 파견되는 것을 좋아하는 것처럼, 조선 후기에도 그랬던 것이다.

조선의 대신들이 연행사보다 통신사로 임명되는 것을 꺼린 중요한 이유 중 다른 한 가지는 사행로의 특징과 기간이었다. 연행사는 의주에서 압록강을 건넌 후 선양瀋陽과 산하이관山海關을 거쳐 베이징北京에 도착했다. 물론 명·청 교체기(1621-37)의 17년 동안에는 모든 사절단이 해상사행로를 이용했지만(32회), 단기간이었다. 또한 사행로의 왕복 거리는 6,138리였으며, 왕복 기간도 길어야 5개월이었다. 하지만 통신사는 한양에서 부산포까지 육로를 이용한 후 부산포에서 오사카大阪까지 해로를 그리고 오사카 하구에서 요도우라淀浦까지 강로로 이용하고, 요도우라에서 오늘날 도쿄東京에 해당하는 에도江戶까지는 다시 육로를 이용해야 했다. 왕복 사행로의 길이가 1만 리 이상이었고, 기간도 근 1년이 넘게 필요했다.[4] 통신사의 사행로는 그만큼 힘들고 장기간이 소요되는 노정이었다.

여러 가지의 사행록에 따르면, 한양에서 부산포까지의 육로 길이는 980~1,165리였다. 부산에서 오사카 하구까지의 해로는 3,210~3,270리였다. 오사카 하구에서 요도우라까지의 강로는 120리였다. 요도우라에서 에도까지의 육로는 1,245~1,670리였다. 부산에서부터 오사카를 거쳐 요도우라까지 가는 해로와 강로를 합친 수로는 3,330~3,390리였다. 한양에서 부산까지 그리고 요도우라에서 에도까지 가는 길을 합친 육로는 2,225~2,835리였다. 양국의 수도를 오가는 전체 사행로에서 수로가 육로의 1.3~1.4배가량 더 길다는 사실을 알 수 있다. 또한 통신사가 임무를 마치고 귀국할 때도 같은 사행로를 역순으로 이용했다. 그러므로 왕복 시 해상 사행로의 길이는 6,660~6,780리였으며, 총 육상 사행로는 4,450~5,670리였다. 사행로 전체는 이 두 가지를 합친 11,110~12,450리였다.

사행록에 기술된 사행로를 리 단위에서 km 단위로 환산하

---

4) 林性哲, "朝鮮通信使の路程記研究", 『外大論集』, 第5輯, 1987. 1, pp. 204~6.

면, 한양~부산포는 392~466km이고, 요도우라에서 에도까지는 498~668km이다. 이 두 가지를 합하면, 육로의 총 길이는 890~1,134km이다. 수로의 경우를 보면, 부산포에서 오사카 요도가와의 하구까지 해로가 1,284~1,308km이고, 하구에서 요도우라까지 강로는 48km였다. 이 해로와 강로를 합한 수로의 총 길이는 1,332~1,356km이다. 총 사행로는 역시 동일 노선을 왕복했기 때문에 이를 두 배로 계산하면 된다.

사행록에 수록된 거리와 실제 거리에는 차이가 있는데, 당시 해상과 육상에서 거리 측정 방법이 부정확했기 때문이었다. 부산에서 쓰시마의 시시미(鹿見, 고지명 志志見浦)까지 70km, 시시미에서 이즈하라(嚴原, 고지명 府中)까지 136.6km, 이즈하라에서 이키시마의 가쓰모토우라(勝本浦, 고지명 風本浦)까지 57km, 가자모토우라에서 아이노시마(相島, 고지명 藍島)까지 직항할 때에는 63km 또한 규슈 서남단으로 남하하여 우회할 때에는 91km, 아이노시마에서 시모노세키(下関, 고지명 赤間關)까지 70km, 시모노세키에서 요도가와淀川 하구인 덴포店浦까지 463.5~470.5km, 덴포에서 요도우라淀浦까지 57km로 부산에서 요도우라까지의 거리는 868.5~903.5km이다. 사행록의 해로 길이가 실제 길이보다 더 길게 표기되어 있다. 반면에 한양에서 부산까지 육로는 사행록의 거리가 392~466km인데 비해 실제 거리가 525km이다. 육로의 경우, 사행록의 거리가 실제 거리보다 더 적다.

사행록의 수로 거리가 1,298~1,358㎞이지만, 실제 거리는 약 969.5~1032.5㎞이다. 통신사의 사행로에서 육로와 수로의 실제 거리는 비슷했다.

통신사로 가는 것을 꺼린 또 다른 이유는 사행로의 절반가량이 해로였다는 점이었다. 통신사 일행이 선박으로 이동해야 했던 곳은 대한해협과 세토나이카이 그리고 요도가와였다.

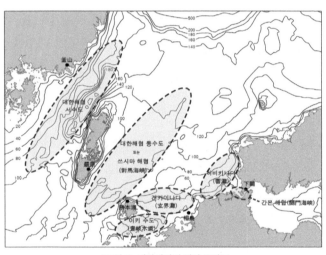

〈그림 1〉 대한해협의 해역 구역도
(『통신사선단의 항로와 항해』(국립해양박물관, 2017), 21쪽에서 인용)

대한해협은 쓰시마 섬을 중심으로 한국 쪽에 해당하는 서수도西水道와 일본 쪽에 해당하는 동수도東水道로 나뉜다. 일본인들은 대한해협 전체를 쓰시마해협對馬海峽으로 부르면서 서수도를 '쓰시마 해협의 서수도'로 동수도를 '쓰시마 해협의 동수도'로 부른다. 대한해협의 폭은 200km이며, 평균 수심은 90~100m이다. 서수도는 최대 수심이 227m이고, 해저의 경사도가 급하다. 동수도는 최대 수심이 100m 내외이고, 해저의 경사도가 상대적으로 완만하다.

서수도에서 규슈九州의 히가시마쓰우라東松浦 반도에서 이키시마 사이의 수로를 이키수도壹岐水道라 부르는데, 이 수도의 폭은 20km이다. 또한 규슈 북부의 오시마大島에서 서쪽의 이키시마까지의 바다는 일본에서 겐카이나다玄界灘로 불리고 있다. 이 해역은 가로로 후쿠오카현福岡県 무나카타시宗像市의 가네노미사키鐘の岬에서 사가현佐賀県 가라쓰시唐津市의 히가시마쓰우라東松平 반도까지이며, 세로로는 이키시마에서 기타큐슈北九州의 해안까지이다. 이 바다의 수심은 50~60m이고, 섬과 암초가 많다. 또한 시모노세키下関에 진입하기 전 대한해협 쪽 바다는 히비키나다響灘로 불리고 있다. 이 해역은 야마구치현山口県 나가토시長門市의 가와지리미사키川尻岬에서 간몬해협関門海峽 서쪽을 거쳐 후쿠오카현 무나카타시의 가네노미사키, 오시마大島와 가네시마地島까지이다.

대한해협에는 쓰시마난류對馬暖流로 불리는 해류가 흐르고 있다. 구로시오黑潮 해류가 제주도濟州島 남방 해역에서 두 갈래로 갈라지는데, 그 중 하나가 동해로 흘러들어가는 쓰시마난류이다. 이 난류는 쓰시마 제도를 통과할 때 다시 두 지류로 나뉜다. 하나는 규슈 북부와 혼슈의 서해안을 흐르는 본류이다. 다른 하나는 대한해협의 서수로를 통과하는데, 부산 앞바다에서 다시 두 지류로 갈라진다. 하나는 울산 앞바다를 거쳐 독도와 울릉도 방향으로 흐르는 지류이고, 다른 하나는 한반도 동해안을 따라 올라가는 것으로 동한난류東韓暖流로 불린다. 쓰시마난류는 여름철에 1.5노트 그리고 겨울철에는 0.5~1.2노트의 유속으로 흐르며, 해류의 흐름이 동수로가 아닌 서수로에서 더 강하다.

조류의 최대 유속은 2~2.5노트이다. 밀물일 때에는 서남쪽으로, 또한 썰물일 때에는 동북쪽으로 흐른다. 이 조류 때문에 해협을 건너려는 선박은 직선 항해가 아닌 지그재그 항해를 해야 한다. 따라서 부산과 쓰시마 사이를 건널 때 주간 항해를 하려 했으며, 이른 새벽이나 동이 트기 전에 부산에서 출항하여 석양이나 이른 밤에 도착하는 것이 일반적이었다.

우리나라와 일본은 계절풍이 부는 국가이다. 겨울철에는 11월에서 이듬해 3월까지 북서풍이 부는데, 11월에서 이듬해 1월까지가 바람이 가장 강하고 많이 부는 최성기이다. 여름철에는

6월에서 8월까지 동남풍이나 남서풍이 부는데, 7월에서 8월까지가 최성기이다. 이 두 계절풍을 비교하면, 여름철 계절풍의 강도가 겨울철 계절풍보다 약하다. 계절풍이 바뀌는 기간은 4월과 10월이다. 이 시기는 바다가 연중 가장 잔잔하여 항해 최적기로 간주된다.

대한해협에서는 북동풍과 남서풍이 해협풍으로 불고 있다. 이 해협풍의 풍속은 한반도 쪽과 서수도에서 더 강하다. 북동풍은 1월, 4월, 9월에 절정을 이루지만, 9월에 특히 더 강하게 분다. 남서풍은 11~4월에 강하고, 5~10월에 약하다. 이 두 해협풍은 따뜻한 계절에 강하고, 추운 계절에 약하다. 북동풍은 해협을 관통하면서 불고 있으며, 풍속은 해협 전체에서 빠르다. 남서풍은 해협의 서쪽 즉 서수도에서 더 강하다. 북동풍이 남서풍보다 더 자주 나타난다. 그밖에도 예기치 않거나 비규칙적으로 부는 바람이 있는데, 이러한 바람들은 돌풍突風, 국지풍局地風, 치풍癡風, 흑풍黑風 등으로 불린다. 이 바람은 계절풍과는 달리 부는 시간이 아주 짧지만 예측하기 어려우며, 많은 선박이 조난을 당하는 주요 원인 중 하나이다.

조선시대에는 대한해협을 건너는 것이 대해를 항해하는 것으로 간주되었다. "부산에서 좌수포佐須浦를 건너오기까지 4백 80리, 마도의 부중府中에서 일기도까지 4백 80리, 일기도에서 남도를 건너오기까지 3백 50리가 되니, 이것이 이른바 3대해大海다."

부산~쓰시마, 쓰시마~이키시마, 이키시마~아이노시마, 이 세 해역을 당대인들은 대해로 간주했던 것이다. 그런데 17세기에는 쓰시마에서 아카마가세키까지의 해역을 그리고 18세기에는 부산포에서 아카마가세키까지의 해역을 각각 3대해로 간주했다. 아이노시마에 대한 인식과 중요도가 17세기에 비해 18세기에 적어졌고, 그 대신 부산포에서 쓰시마의 해역이 더 중시되었음을 알 수 있다.

세토나이카이는 혼슈, 규슈, 시코쿠로 둘러싸인 반폐쇄적인 연해 즉 내해이다. 이 내해에는 727개의 섬들이 있고, 동서 길이가 450㎞이며, 남북길이는 15~55㎞이다. 평균 수심은 31m이지만, 10~30m가 대부분이다. 이 내해는 오사카만大坂灣, 하리마나다播磨灘, 비산세토備讚瀬戸, 빈고나다備後灘, 히우치나다燧灘, 아키나다安芸灘, 히로시마만広島灣, 이요나다伊予灘, 스오나다周防灘의 총 9개 해역으로 나뉜다. 이 해역들 중에서 이요나다가 가장 넓고(4,009㎢), 스오나다와 하리마나다가 그 다음으로 넓다(3,805~3,425㎢). 가장 좁은 해역은 빈고나다와 아키나다이다(773~744㎢).

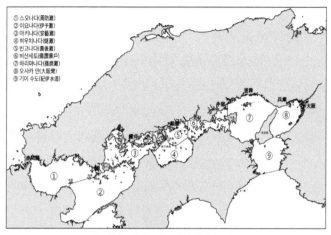

〈그림 2〉 세토나이카이의 해역 구분도
(『통신사선단의 항로와 항해』(국립해양박물관, 2017), 26쪽에서 인용)

세토나이카이에는 5곳의 해협이 있다. 아카시 해협明石海峡
은 아와지시마淡路島와 혼슈 사이의 해역인데, 폭이 약 3.5km
이고, 최고유속은 시속 약 13km이다. 나루토 해협鳴門海峡은 아
와지시마와 시코쿠四国, 도리다시마鳥田島, 오케시마大毛島 사이
의 해역인데, 최고유속은 시속 약 20km이다. 격류激流 해역의
해면은 평활하지만, 그 양측에서 격조와 소용돌이가 발생한
다. 소용돌이 중 가장 큰 것은 직경 15m에 달하는 것도 있다.
해협의 폭은 1.4km로 좁다. 구루시마 해협来島海峡은 히우치나
다와 아키나다를 연결하는 세토나이카이의 요충지로 가장 험
한 곳으로 꼽힌다. 최대유속은 약 20㎞를 넘기도 한다. 또한 해

협의 중간에 있는 섬들에 의해 4개의 수도로 나뉜다. 가미노세키 해협上関海峽은 스오나다 동부, 나가시마長島와 혼슈 사이, 시모노세키·나카노세키中関와 더불어 세토나이카이의 삼관三関 중 하나로 해상교통의 요충지이다. 최대유속은 시속 약 4.4km이고, 폭이 100m로 좁다. 간몬해협은 기타큐슈와 혼슈의 시모노세키 사이에 있는 해역이다. 헤사키部崎부터 무쓰레지마六連島에 이르며, 길이 약 27km로 좁고 길며, 선박이 통행할 수 있는 폭은 넓은 곳이라도 약 1.9km 내외이고, 가장 좁은 곳은 약 500m이다. 최대유속은 간몬해협이 끝나는 것부터 시속 약 16km이고, 선박의 교통량은 매우 많으며, 세토나이카이에서도 이름난 험한 지형이다.

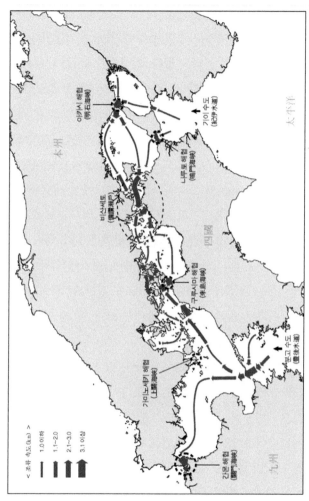

〈그림 3〉 세토나이카이의 해협과 조류
(『통신사선단의 항로와 항해』(국립해양박물관, 2017), 28쪽에서 인용)

이 내해의 연평균 기온은 15℃이고, 강우량은 1,000~1,600㎜
이다. 3~7월에 안개가 자주 발생하며, 특히 우기철인 5~7월은
해무(海霧)의 계절로 불리고 있다. 기상학계에서는 대체로 따뜻
한 이 해역의 기후를 세토나이카이 기후지대로 부르고 있다.

태평양에서 발생하는 조수 간만의 파도인 조랑潮浪은 기이수
도紀伊水道와 분고수도豊後水道에서 내해로 들어온다. 기이수도에
서 들어온 조랑은 오사카 만으로 들어왔다가 아카시 해협을 지
나 비산세토備讃瀬戸에 도착한다. 분고수도에서 세토나이카이
로 들어오는 조랑은 2가지로 나누어진다. 하나는 스오나다를
서쪽 방향으로 흘러가 간몬해협에 도달한다. 다른 하나는 동쪽
방향으로 흘러가 비산세토에 도달하며, 여기에서 기이수도에
서 들어오는 조랑과 만나게 된다. 조수 간만의 차이는 히로시
마広島, 이와쿠니岩国, 구레吳 지방에서 크며, 이 세 지역의 최대
차이는 4.0~4.1m이다.

세토나이카이에는 수도水道가 22곳 있다. 구루시마 해협来島
海峡을 경계선으로 정했을 때, 세토나이카이의 동반부에 10곳
그리고 서반부에 12개의 수도가 있다.

세토나이카이의 항해 조건은 대한해협의 항해조건보다 상
대적으로 더 좋다고 할 수 있다. 그야말로 내해이면서 수많은
섬들이 산재해 있어 시인거리를 걱정할 필요가 없이 전형적으
로 연안 항해를 할 수 있는 해역이다. 그러나 세토나이카이에

서 항해할 때에는 대한해협에서 항해할 때와는 다른 종류의 장애물들이 많다. 먼저 좁은 해역에 많은 섬들이 있어 그만큼 크고 작은 해협이 많다. 해협이 아니더라도 섬과 섬 사이 해역 중에는 해수의 흐름이 예측할 수 없을 정도로 전혀 딴판인 곳도 있다. 또한 육지에 바짝 붙어 항해할 경우에는 수심의 변화가 심하고 암초들이 산재해 있어 자칫하면 조난을 당하기 쉽다. 뿐만 아니라 안개가 끼는 날이 많고, 비도 자주 온다.

2. 해역별 항해

1) 부산

통신사 일행은 평균적으로 부산에 33일 머물렀다. 통신사 일행이 부산포에 머물면서 한 일은 일곱 가지였다.

첫째, 통신사 일행은 각종 연회에 참석했다. 통신사가 부산포에 도착하면, 지방 수령들은 군복을 입고 칼을 찬 복장을 갖추고, 또한 수군 지휘관들은 갑옷, 투구, 칼, 활 등으로 무장한 복식을 갖추고 통신사 일행을 영접하였다. 통신사 일행에 대해 지방 방백과 수령 그리고 군 지휘관들은 통신사를 국왕을 대행하는 인물로 간주하여 공식적인 환영행사를 했으며, 따라서 전시에 국왕을 영접하는 복장을 갖추었던 것이다. 통제사가 주관하는 연향宴享과 수사가 주관하는 연향례宴享禮가 베풀어질 때가 있었으며, 육지나 배 안에서 이루어지는 사사로운 만남도 있었다. 한편 출항할 때에는 전별연을 했다. 방백이 주관하는 전별연餞別宴과 관사에서 이루어진 지방 수령들과의 작별연은 주로 육지에서 했다. 수군 지휘관이나 지방 수령이 통신사선이나 판옥선에서 선상 이별하는 경우도 있었으며, 가족과 친지들이 선상에서 작별하는 경우도 있었다.

둘째, 일본에서 통신사 일행을 안내하기 위해 보낸 사람들과 그 왜인들이 어떻게 통신사선에 분승할 것인지에 대해 논의했다. 이어서 사신단 수에 대해 왜인들과 상의하고 조정했으며, 일본에 사신으로 가는 사람의 명단을 써주었다. 또한 사공왜沙工倭와 통사왜通辭倭 등이 와서 선적한 집물什物들을 살펴보기도 했다.

셋째, 수군으로부터 통신사선을 인수했다. 건조책임자는 통제영과 경상좌수영에서 건조된 통신사선을 부산포로 가져와 통신사 일행에게 인계했다. 통신사선을 인수하면, 통신사는 자신의 일행에게 배를 간단하게 살펴보고 치장하게 했다.

넷째, 통신사선을 항내에서 이동시켰다. 이동한 이유 중 하나는 항해에 필요한 바람 즉 순풍을 기다리거나 강풍이 불어 피항을 하기 위해서였다. 이동 장소는 부산포진에서 감만이포戡蠻夷浦(현 감만동), 초량항草梁項, 개운진開雲鎭, 두모포진豆毛浦鎭, 다대진多大鎭 등이었다. 또 다른 이유는 부산에서 출항했다가 사정에 의해 회항하는 경우였다. 회항한 이유는 조정이 정한 승선일자나 출항일자를 어기지 않았음을 보여주기 위해 여건이 맞지 않았음에도 출항했다가 곧 회항하거나 정식으로 출항했다가 풍랑을 만나 회항하는 것이었다. 부산포에서 외양 어구까지 항로 거리는 9㎞였다.

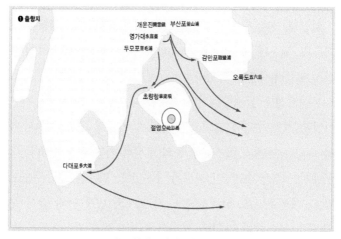

〈그림 4〉 부산포 해역의 출항지와 항로
(『국가해양지도집』(국립해양조사원, 2022)에서 인용)

다섯째, 선박, 화물, 인원 등에 대한 점검이었다. 통신사선의 상태와 선구船具를 점검하고, 실제로 시험항해를 했다. 인원 점검은 노를 젓는 격군에 대해 주로 실시되었는데, 잠상潛商이나 밀무역인이 격군으로 위장하여 가는 것을 적발하기 위함이었다. 점검대상의 화물은 예단과 개인 휴대품이었다. 화물의 수

량을 장부와 대조하고 포장하거나 개인 휴대품을 조사했는데, 모든 점검은 승선하기 전에 이루어졌다.

여섯째, 해신제나 기풍제를 지냈다. 자정 무렵부터 날이 샐 무렵까지의 시간대에 지냈는데, 순풍을 받아 안전 항해를 빌기 위해『오례의五禮儀』의 '해독제海瀆祭' 절차를 따랐다.

일곱째, 여유가 있을 때에는 명승지를 유람했다. 배를 타고 태종대, 해운대, 몰운대 등을 유람하거나, 육로를 이용하여 부산성에 올라 풍광을 즐겼다.

통신사선단이 출항하거나 귀국할 때, 환송하거나 마중하는 사람은 지방 수령과 그리고 수군 소속 장수와 군관이었다. 지방 수령은 동래, 경주, 김해 등의 부사와 기장 현감이었다. 수군에서는 경상좌수사가 최고위 장수였고, 부산진첨사, 두모포만호, 개운포만호, 서평포만호, 각 포구의 변장 등과 같이 수영 휘하 부대들의 지휘관, 그리고 훈장과 별장 같은 군관들이었다. 그들이 통신사 일행을 환송하거나 마중하는 방법은 4가지였다. 첫째는 객관에서 기다렸다가 하는 방법이었다. 둘째는 역참에서 기다렸다가 환영하는 방법이었다. 셋째는 부두에서 기다렸다가 하는 방법이었다. 넷째는 배를 타고 바다로 나가 해상에서 하는 방법이었다. 그들이 타고 간 배는 주로 전선이었으며, 소형 선박을 이용한 경우도 있었다. 환송과 마중을 한 해상 지점은 오륙도 앞바다, 태종대 앞바다, 절영도 앞바다, 부산포에서 5리, 대양 어귀, 바다 입구 등으로 표기되어 있는데, 포구를 떠나 적어도 영도 앞바다나 오류도 인근 해상에서 영접 했음을 알 수 있다.

2) 부산 ~ 쓰시마

〈사진 1〉 부산 국제여객터미널에서 바라본 부산항 출입항로

통신사선단이 부산을 출항한 시간과 쓰시마에 도착한 시간 대는 다양했지만, 대체적으로 이른 아침 즉 5~7시경에 출항하 여 저녁 무렵 즉 오후 5~7시경에 도착했다. 평균 10~12시간이 걸린 셈이다. 부산포에서 쓰시마 서북부의 가장 먼 시시미(鹿見, 고지명 志志見浦)까지 거리가 약 70㎞이라는 점을 감안하면, 통신 사선단의 평균 항해 속도는 시속 5.8~7㎞였던 것으로 보인다.

통신사선이 쓰시마로 항해할 때 목표로 삼은 최초 도착지는 이즈미泉浦였다. 그러나 해상상태나 선단의 문제 때문에 최초로 도착한 쓰시마 지역의 고지명은 시시미우라志志見浦, 와니우라鰐浦, 니시와니우라西鰐浦, 사스나우라沙愁須浦, 사스佐須, 사스나우라佐須奈浦, 사스우라佐須浦, 이즈미우라泉浦로 8곳이었다. 그러나 동일 지역을 지칭하는 지명들을 감안하면, 통신사선단의 최초 도착지는 시시미우라, 와니우라, 사스나우라, 이즈미우라로 4곳으로 압축된다. 선단은 쓰시마의 최초 도착지에서 최종 목적지인 이즈하라(嚴原, 고지명 府中)로 갔다. 통신사선단이 도주가 기거하고, 그의 집무실이 있는 쓰시마 동중부에 위치한 이즈하라로 직행한 적은 한 번도 없었으며, 최초 도착지에서 북부와 동북부 연안을 따라 여러 곳을 경유할 수밖에 없었다.

〈사진 2〉 사스나우라의 출입항로

시시미에서 와니우라까지의 연안은 도사키唐埼, 이나사키伊奈埼, 사오사키棹埼, 다치바사키立場埼, 사바사키鯖埼, 묘세바나妙瀬鼻, 시라하마세키白浜埼, 오니사키塊埼 같은 뾰족하게 뻗어있는 돌출부들이 많은 리아스식 해안이었다. 배가 그 가운데 들어가서 한 번만 실수하면 부서지고 엎어지기 쉬웠다. 항해거리는 28.8㎞였다.

❷ 쓰시마

와니우라鰐浦　　도요우라豊浦
　　　　　　　이즈미우라泉浦
오오우라大浦　　니시도마리우라西泊浦
사스나우라佐須奈浦
　　　　　　　도우라唐浦

긴우라琴浦
시시미우라志志見浦

시타카우라志田賀浦　　시타카志多賀
사카우라佐賀浦

지로모우라千尋浦
시오우라鹽浦

요시우라芳浦　　　스미요시진자周吉神社
가모세鴨瀬
　　　　　센토우라船頭浦
세토瀬戸
게치우라慶知浦

나무로南室
후추府中

〈그림 5〉 쓰시마 연안의 경유지와 항로
(『국가해양지도집』(국립해양조사원, 2022)에서 인용)

와니우라에서 니시도마리우라西泊浦까지의 연안은 쓰시마 북부 연안으로서 지형이 복잡하여 항해하기가 가장 어려운 곳이었다. 거리가 22.5㎞로 짧았지만, 크고 작은 섬과 여울 및 돌출부가 각각 10개 이상이 있고, 암초도 많았다. "삐죽삐죽한 돌부리가 마치 개 이빨이 서로 물린 듯하고, 물길이 사납게 빨라서 흰 물결이 돌을 치고" 있어, 바람이 불지 않는 날이라도 가볍게 배를 타고 가기 어려웠다.

니시도마리우라에서 오세토大瀬戸의 요시우라芦浦까지의 연안은 쓰시마 동부 해안으로 거리가 51.9㎞이다. 해안이 비교적 단순하여 항해의 장애 요소가 거의 없다. 요시우라에서 고후나코시小船越까지의 연안은 거리가 7.4㎞로 짧지만, 폭 50m 높이 12m의 협수로가 있었는데, 스미요시세토住吉瀬戸 혹은 무라사키세토紫瀬戸로 불리었다. "여울[瀬] 좌우에 푸른 산이 깎아 섰고, 그 가운데가 터져서 여울이 되어 겨우 큰 배 1척이 들어갈 만한데, 밀물을 타고서야 지날 수 있었다." 고후나코시에서 이즈하라까지의 연안은 26㎞였으며, 장애 요소가 없어 수월하게 항해할 수 있었다.

통신사선단이 쓰시마 연안에서 최장거리를 항해한 것은 시시미에서 이즈하라까지 136.6㎞였다. 선단이 쓰시마에서 하루라도 머물렀던 곳은 20여 곳이었다.

부산포 항내에서는 통신사선들이 노를 저어 외해로 나갔다.

바람이 좋을 경우에는 항내에서부터 돛을 달기도 하지만, 이런 경우는 드물었다. 외해에 진입하면 그때부터 돛을 달아 항해하는데, 항해 도중 역풍을 만나면 돛을 내리고, 바람이 약하거나 없는 경우와 역풍이 부는 경우에는 노를 저었다.

〈사진 3〉 세잔지에서 바라본 이즈하라 항구

통신사선단이 쓰시마에 도착하면 그때부터 일본의 소형 선박들이 통신사선을 예인해 갔다. 쓰시마 연안을 항해할 때에도 일본인이 항로를 안내하고 일본 선박들이 통신사선을 예인했다. 뿐만 아니라 일본인 물길 안내인들이 6척의 통신사선에 분승하기도 했다. 쓰시마의 도착지나 경유지에서 동원된 예인선은 대체로 통신사선 1척당 10여척이었다. 통신사선이 6척이기 때문에 평균 60여 척의 예인선이 통신사선단을 예인한 셈이다.

예인선의 사공은 붉은 종이를 다발로 묶어 마치 먼지떨이 같은 모양의 총재를 손에 들고 예인선을 지휘했다. 정사선의 예인선은 푸른색, 부사선은 노란색, 종사관선은 붉은색의 깃발을 사용했다. 야간에는 정正·부副·종從 세 글자가 쓰여 있는 등燈을 달았다. 암초나 바위가 많은 곳이면, 일본의 소형선들이 먼저 가서 그 일대에 깃발을 꽂거나 자기 배를 그 위치에 있게 하여 통신사선이 피할 수 있게 해주었다.

통신사선단이 쓰시마에서 하루라도 머물렀던 곳은 20여 곳이었으며, 이틀 이상 머무른 곳은 6곳이었다. 그러나 이즈하라에서는 적게는 12일간 그리고 많게는 35일간이나 체류했는데, 그 이유는 공식적인 외교 행사, 일본 국내 사정, 통신사선의 수리, 풍파에 의한 피해, 순풍 대기로서 총 5가지였다. 통신사 일행에게는 이처럼 대기하는 때가 미치거나 병이 날 정도로 견디기 어려운 기간이었다.

3) 쓰시마 ~ 시모노세키

쓰시마에서 시모노세키下關까지의 해역은 통신사들이 세 큰바다三大海로 간주했던 곳으로 여러 바다로 구성되어 있다. 쓰시마에서 규슈 서북부 지역까지의 해역은 대한해협의 동수도이다. 일본에서는 쓰시마에서 이키시마까지의 해역이 쓰시마 해협의 동수도로 그리고 이키시마에서 규슈 서북부까지의 해역이 이키수도壹岐水道로 불리고 있다. 이키시마와 규슈 서북부 사이의 해역에서 우측 해역은 겐카이나다玄界灘이다. 규슈 북부와 시모노세키 입구까지의 해역은 히비키나다響灘이다. 그리고 규슈 북부와 혼슈 사이의 해역은 시모노세키 해협下關海峽이다. 따라서 쓰시마에서 시모노세키까지의 항로는 4개 혹은 4개의 해역을 항해해야 하는 길고도 어려운 항로였다.

〈사진 4〉 이키시마로 가는 선상에서 바라본 이즈하라

쓰시마의 이즈하라에서 이키시마의 최북단에 위치한 가쓰모토우라勝本浦까지의 직선거리는 57km이다. 통신사선들은 이 바다를 건너는데 4시간부터 12시간까지 걸렸는데, 해상상황에 따라 3배의 시간이 더 걸렸던 때도 있었음을 알 수 있다.

〈사진 5〉 공원에서 바라본 가쓰모토우라의 출입항로

〈그림 6〉 이키시마에서 시모노세키까지의 경유지와 항로
(『국가해양지도집』(국립해양조사원, 2022)에서 인용)

가자모토우라에서 아이노시마로 가는 항로는 두 가지가 있었다. 하나는 동쪽을 향해 가다가 중간에 오로시마小呂島 옆을 지나 아이노시마로 직접 항해하는 것이었다. 이 경우에 가쓰모

토우라에서 아이노시마까지의 직선거리는 63km였다. 이 해역을 건너는 데는 사행길마다 4~24시간으로 다양했지만, 순풍일 경우에는 8~10시간이 걸렸다.

다른 하나는 규슈 서남부 지방으로 남진했다가 연안을 따라 북동쪽으로 항해하는 것이었다. 가카라시마加唐島, 가라쓰시唐津市, 히메시마姫島, 시카노시마志賀島 등을 경유하는 이 항로는 91km이며, 전자보다 27km 즉 1/3가량 더 길다. 이 항로는 1748년 사행 때에만 이용되었는데, 해상상태 때문에 부득이하게 선택한 항로였다.

〈사진 6〉 아이노시마의 포구

규슈 후쿠오카현福岡県 신구어항新宮漁港에서 북서쪽으로 7km 떨어진 곳에 위치한 주민 300명의 작은 섬에 불과했던 아이노시마는 통신사 일행이 머무르기에는 너무 작았다. 통신사를 영접하기 위해 주변의 많은 지방이 많은 경비를 지출해야 하였고, 부두 건설과 통신사 숙소 건설 및 접대용 물품 조달과 요리 등을 위해 농민과 어부들이 동원되어 2,000명 이상이 이 섬에서 북적거리기도 했다. 이러한 불편함에도 불구하고 이 섬이 통신사 영접과 정박 장소로 선정된 것은 에도를 향한 신속한 사행, 경비 절약, 임진왜란 때 납치해간 조선인과의 접촉 방지 등의 이유 때문이었다.

아이노시마에서는 지노시마地ノ島, 무쓰레지마六連島, 하에도마리南風泊, 후쿠우라福浦 등을 지나면 시모노세키에 도착하는데, 거리는 70㎞였다.

쓰시마의 이즈하라에서 혼슈의 시모노세키까지 항로거리는 직항로가 190㎞이고 우회항로가 218㎞였다. 또한 아이노시마에서 시모노세키까지의 거리는 48㎞인데, 항해 시간은 15~17시간인 경우가 가장 많았다.

시모노세키는 야마구치현山口縣 소속으로 고지명이 아카마카세키赤間關였다. 시모노세키 해협에서 세토나이카이로 진입하는 부분에 위치한 아카마신궁赤間神宮이 통신사의 정박지였다. 일본의 해상 관문은 두 곳이 있었는데, 시모노세키는 하관下関이었고, 이곳에서 동쪽으로 약 110㎞의 지점에 상관上関이 있었다. 이 두 곳은 통신사선단이 반드시 통과해야 하는 곳이었다.

〈사진 7〉 시모노세키 아카마신궁 앞에 있는 통신사선 계류지

통신사선단이 이 해역을 항해할 때에는 쓰시마 도주 휘하의 영호선迎護船이 앞장섰는데, 보통은 30~40척의 규모였으나 80~90척인 경우도(1711) 있었다. 영호선은 문자 그대로 영접과 호위 및 예인의 임무를 수행하는 선박이었는데, 서로 다른 색의 깃발을 달아 소속을 표시했다. 그런데 도중에 각 지방 번주가 제공하는 선박들이 영호선단에 합류했기 때문에, 영호선의 총 척수는 적게는 100척이었고 많게는 400~500척이었다. 시모노세키에 도착했을 때 수십 척이나 수백 척의 예인선들이 해협에서 통신사선들을 예인하기 위해 나왔다. 또한 시모노세키에서는 통신사 일행의 호행, 숙식, 통행 등의 임무를 수행하기 위해 4,500여 명의 인력과 800여 척의 선박이 동원된 적도 있었다.

이 해역에서 통신사선단의 정박지는 가쓰모토우라, 가라쓰시, 아이노시마, 지노시마, 하에도마리, 아카마가세키 6곳이었다. 그중에서 가쓰모토우라, 아이노시마, 시모노세키 세 곳에서는 모든 통신사가 머물렀고, 나머지 지역에서는 머무른 횟수가 1~3번이었다. 머무른 기간은 1일에서 22일까지로 장소마다 다양했는데, 머무른 이유도 항해 가능한 바람과 조수를 기다리고, 큰 비가 그치길 기다리며, 큰 바다를 항해하느라 지친 육신을 회복하기 위해 휴식하는 등 여러 가지였다.

4) 시모노세키 ~ 요도가와 하구

시모노세키에서 덴포까지의 해역은 세토나이카이瀨戶內海에 속한다. 부산에서 시모노세키의 해역이 외해나 대해였던 것과는 달리, 이 해역은 섬과 해협이 많고 조류와 조석간만의 차가 큰 내해였다. 그러나 항해 조건은 대해는 대해대로 내해는 내해대로 순탄할 수도 어려울 수도 있었다. 지리적 조건, 기상 조건, 물 때, 항해 시간 등에 따라 항해 조건이 결정되었던 것이다.

시모노세키를 출항하면 스오나다周防灘가 시작되는데, 호후시防府市 무카이시마向島까지는 해안이 굴곡져 있지만 시코쿠四國가 수평선에서 보이지 않을 정도로 툭 트이고 너른 바다이다. 무카이시마에서 가미노세키까지의 해역에는 몇 개의 섬이 해안 쪽에 있다. 또한 일부 구간은 섬과 섬 사이를 지나는 항로

〈그림 7〉 시모노세키에서 가미노세키까지의 경유지와 항로
(『국가해양지도집』(국립해양조사원, 2022)에서 인용)

와 섬과 연안 사이를 지나는 항로가 함께 존재하여 항로 거리
가 약간 다르다. 시모노세키에서 가미노세키까지 항로거리는
123~130㎞이다. 원래 가마도노세키竈戸關로 불리다가 1445년
부터 현 지명으로 불리고 있는 가미노세키는 일찍부터 해상교
통의 중심지이자 왜구의 거점 중 하나로 일본 해방海防의 군사
적 요충지였다.

〈사진 8〉 가미노세키의 포구

가미노세키부터 미하라시三原市 인노시마因島까지의 바다는
아키나다安芸灘로 불린다. 이 해역에는 보요 제도防予諸島, 스오
오시마周防大島, 게이요 제도芸予諸島 등 많은 섬이 있다. 선박이
다니는 길도 헤이군 수도平郡水道, 누와 수도怒和水道, 메네코노세
토 해협女猫の瀬戸 등이 있어 아주 복잡할 뿐만 아니라 험난하기
도 하다. 가미노세키부터 미하라시三原市 인노시마까지의 항로
거리는 116.5㎞이다. 시모노세키를 일지관一之關, 가미노세키를
이지관二之關, 그리고 산노세三之瀬를 삼지관三之關으로 불렀던 때
도 있었는데, 그 중 산노세三之瀬가 이 해역에 있다.

❺ 가미노세키~시모쓰무라

시모쯔무라下津村
다카시마高島
반다이지盤臺寺
미하라三原
도모노우라鞆浦
다다노우미忠海
다카시마高島
요코시마橫島
센스이아지마泉水山島
다케하라竹原
다지마田島
시라이시지마白石島
도센지마唐船島
산노세三之瀬
고이카리시마小碇島
가메쿠비무라龜首村
가로토加老島
가시마시모鹿島上
가시마카미鹿島下
쓰와지마津和島
네지마根島
니시이지마西未島
고모리小森
우치가무로內賀室
가미노세키上關
가무로賀室

〈그림 8〉 가미노세키에서 다카시마까지의 경유지와 항로
(『국가해양지도집』(국립해양조사원, 2022)에서 인용)

인노시마에서 후쿠야마시福山市 기타기시마北木島까지의 바다는 빈고나다備後灘이다. 이 해역에는 선박이 오래 전부터 물때와 바람을 기다렸던 장소가 두 곳 있었다. 하나는 기이 수도와 분고수도의 중앙에 위치하여 가이에키海驛 역할을 한 도모노우라鞆の浦였다. 다른 하나는 구로쓰지세토黑土瀨戶와 시라이시세토白石瀨戶가 있는 후쿠야마 앞바다의 가사오카 제도笠岡諸島였다. 이 해역의 항로거리는 45km이다.

기타기시마에서 세토우치시瀬戶市 우시마도牛窓까지의 바다는 비산세토備讚瀨戶이다. 이 해역은 시와쿠 제도塩飽諸島를 포함하는 미즈시마나다水島灘와 미즈시마 만水島湾이 있고, 하리마나

77

〈그림 9〉 시모쯔무라에서 요도죠까지의 경유지와 항로
(『국가해양지도집』(국립해양조사원, 2022)에서 인용)

다播磨灘의 일부도 포함하고 있다. 오늘날 시모쓰이下津井와 시코쿠를 잇는 세토대교瀨戶大橋가 건설되어 있다. 이 바다의 항로거리는 60㎞이다.

우시마도에서 아카시시明石市와 아와지시마淡路島까지의 바다는 하리마나다播磨灘이다. 오늘날 아카시시와 아와지시마 사이에는 아카시해협대교明石海峽大橋가 놓여져 있다. 가미노세키부터 시작된 다도해는 무로쓰室津까지 이어지며, 무로쓰부터는 섬들이 별로 없는 해안을 따라 가기 때문에 비교적 항해하기 수월한 곳이었다. 항로거리는 77㎞이다.

〈사진 9〉 우시마도 앞바다

아카시시에서 요도가와淀川 하구의 덴포伝法까지 해역은 오사카 만大坂灣으로 불린다. 이 해역의 초입부에 있는 아카시明石 해협은 삼각파와 서쪽으로 흐르는 조류가 발생하며, 이 때문에 이 지역에서는 겐사키미요시ケンサキミヨシ로 불리는 어선을 사용하기도 한다. 이 해협을 제외하고는 섬들이 별로 없어 순탄하게 항해할 수 있는 곳이었다. 항로거리는 42㎞이다.

1764년의 통신사는 세토나이카이의 항로에 대해 다음의 기록을 남겼다 "적간관赤間關에서 대판성大阪城까지는 1천 3백 60리라고 했지만, 배 가는 길이 비록 한쪽은 육지를 끼고 간다고 하지만, 산봉우리가 교착하였고 바다 물결이 서로 충돌한다. 그래서 하관下關의 조수를 이용하여 출입하는 것이나, 상관上關

의 양洋 속에 있는 암초나, 진화津和의 바닷물이 휩싸여 맴도는 것이나, 삼원三原의 전양前洋과 우창牛窓의 전양에 암초로 된 섬이나, 명석明石 앞바다의 진흙이며 물살이 급한 것 등은 모두가 험한 여울이라고 하겠다."(조엄, 「해사일기」, 11월 20일, 『해행총재』, VII, p. 150.)

이 사행록에는 적간관에서 대판성까지 거리가 1,360리로 기술되어 있는데, 시모노세키에서 덴포까지 실제 항로거리는 463.5~470.5㎞였다. 통신사선단이 항해한 이 해역을 항해한 기일은 평균 13일이었다. 그러나 사행 전체를 보면 9~19일간으로 편차가 심한 것으로 나타나는데, 날씨와 해상 상태가 주요 원인이었다. 세토나이카이에서 통신사 일행이 정박한 적이 있던 곳은 26곳이었으며, 주요 정박지는 시모노세키, 가미노세키, 무로쓰, 효고兵庫, 도모노우라, 시나이우라, 우시마도 가마가리였다.

일본의 각 지방에서 통신사 일행을 어떻게 영접하고 대접했는지 알려주는 1711년 가마가리의 사례를 알려주는 자료가 남아있다. 이 자료에 따르면, 접대관이 759명이었고, 이를 보조하기 위해 동원된 지방민이 639명이었으며, 동원된 선박이 105척이었다(關船, 小早, 賄船, 御船, 番船 등).

이 해역의 항로와 항해에 대한 지식과 정보가 거의 없었던 통신사선단은 이 해역을 항해할 때 오늘날 도선사導船士처럼 일본인의 물길 안내와 정박 안내를 받아야 했다. 출항할 것인가 안 할 것인가를 결정할 때에는 쓰시마 사공들의 판단과 건의가 결정적인 역할을 했다. 현지인들은 먼저 가서 암초가 있는 곳에 나무막대기나 깃발 혹은 야간에는 등을 달아놓았다.

통신사선단은 순풍이 불 때를 기다리는 경우가 많았다. 약풍, 무풍 그리고 역풍이 불 때에는 돛으로 항해하는 범주항해帆走航海를 할 수 없었으며, 대신 노를 저어 항해하였다. 횡풍이 불 경우에는 돛을 비껴달아 사행범주斜行帆走를 했는데, 오늘날 태킹taking이나 지그재그항법으로 불리는 항해술이다. 또한 해협과 같은 협수로와 급류 및 암초가 있는 곳에서는 조류를 기다렸다. 심지어 역풍이 불더라도 순조류를 만나면, 노를 저어 항해하기도 했다. 다른 해역들과 마찬가지로 세토나이카이에서도 일본 선박들이 통신사선을 앞에서 끌고 가는 예인항해가 이용되었는데, 예인선의 규모는 상황마다 달랐다. 예인선과 호행선이 모두 합쳐 수백 척이나 1천척에 이를 정도로 많았던 때도 있었다.

5) 요도가와 하구 ~ 요도우라

오사카를 흐르는 강은 여러 차례 변했다. 잦은 홍수의 피해를 방지하기 위해 제방과 둑을 쌓고, 모래가 퇴적한 곳에 수로를 내기 위해 굴착을 하고, 간척을 하는 등의 사업들이 여러 차

〈사진 10〉 요도가와 하구의 현재 모습

례 실시되어 강의 흐름과 명칭이 바뀌기도 했다. 현재 비와코琵琶湖에서 교토 인근을 거쳐 흐르다가 오사카 요도가와 하천공원부터 두 갈래로 나뉜다. 곧장 흐르는 강은 요도가와이고, 오사카 성을 향해 남쪽으로 흐르고 있는 강은 오카와大川이다. 현재 오카와는 나카노시마中之島에서 다시 갈라지는데, 오른쪽으로는 도지마가와堂島川가 그리고 왼쪽으로는 도사보리가와土佐堀川로 불린다. 이 두 강은 나카노시마 끝단에서 다시 합쳐지고, 여기서부터 하구 덴포잔天保山까지 아지가와安治川로 불린다. 조선시대 요도가와는 현재의 요도가와·오카와·아지가와로 이어졌다.

　통신사들이 요도가와 하구에 도착했을 때, 하구는 1687년 이전에는 시리나시가와尻無川, 1687년 이후에는 아지가와安治川,

1748년부터는 기즈가와木津川의 하구였다. 이 하구에서 오사카 성 부근의 숙소에 머물다가 다시 배를 타고 강을 항해했다. 하구河口나 강구江口 혹은 덴포店浦에서 출항한 통신사 일행은 히라카타平方와 하시모토텐橋本店을 경유하여 요도우라淀浦에 도착했다. 요도우라부터는 통신사 일행이 육로를 이용했다. 요도가와 하구에서 요도우라까지의 거리는 57km였다.

〈사진 11〉 하라카타에서 바라본 요도가와

이 강은 수심이 낮고 여울이나 사주가 많았다. 따라서 이 강에서 흘수가 높은 통신사선이 항해하는 것은 불가능했다. 통신사 일행은 하구에서 일본 선박으로 옮겨 탔으며, 화물도 일본 선박으로 옮겼다. 통신사 일행이 환승한 일본 선박의 명칭은 사행록에 금루선金鏤船, 금루선金樓船, 정자선亭子船, 옥선屋船, 강선江船, 금선金船, 채선彩船, 화선畵船, 누선樓船, 판각선板閣船, 좌선座船 등으로 표기되어 있다. 모두 흘수가 아주 얕은 호화선으로 바다에서는 사용할 수 없고 오직 파도가 없는 강이나 호수에서만 운행하는 선박들이었다. 이러한 선박은 각 번의 번주나 태수가 타는 선박이었다.

많은 치장을 하고 큰 상부 구조물이 있는 이 선박은 무게가 많이 나가며, 자체 추진력만으로는 항해할 수 없다는 단점을 갖고 있었다. 이 단점들을 해결하는 방식은 두 가지였다. 하나는 예인선들이 앞에서 끌고 가는 것이고, 다른 하나는 밧줄을 선수에 매고 이를 양안에서 많은 인원이 끌고 가는 것이었다. 통신사 일행이 탔던 환승선은 5~9척이었는데, 예인선(소선)은 30척에서부터 수백 척에 이르기까지 사행 때마다 달랐다. 육지에서 밧줄로 선박을 끄는데 동원된 인력은 수천 명이었다. 그 밖에도 모래가 퇴적된 사주沙洲 때문에 모래를 퍼내는 준설작업을 하면서 항해한 경우도 있었다.

통신사 일행 중 일부는 환승할 때 통신사선을 지키고 관리하기 위해 남았다. 남은 인원은 사행 때마다 달랐는데, 대략 100여 명이 남아 연안에서 바다 쪽으로 10리 떨어진 곳에 투묘하게 했다.

통신사 일행이 오사카에서 머무른 기간도 사행 때마다 2일에서 10일까지 다양했는데, 보통은 5~6일이었다. 이 기간 동안 통신사 일행은 대체로 네 가지 일을 했다. 첫째, 영접관, 장로, 도주, 수장, 서생 등 일본인들을 접견하고, 예의와 시서화를 논했다. 둘째, 선박 화물의 수색과 점검, 선박 출입의 통제 강화, 선박 화재와 침수, 환자, 화물의 재포장과 이동, 식량 준비, 출항 준비 등 선박과 선원에 관한 일을 했다. 셋째, 예단의 배분, 일본인들로부터의 선물 수령, 계초와 편지 발송과 같은 일을 했다. 넷째, 지진을 경험하거나 활쏘기를 하고, 비가 그치길 기다리는 등 잡다한 일을 했다. 해상 이동이 끝나고 일본 선박에 환승하여 강상 이동을 했다가 육상 이동을 해야 했기 때문에 오사카의 위상에 맞는 외교활동과 인원·화물의 재점검 및 조정에 대한 중간보고와 같은 활동을 주로 했다.

6 사행별 항해의 특징

1. 사행별 항해

임진왜란이 종료된 지 10년도 채 지나지 않은 1607년에 파견한 통신사는 2월 28일 아침에 부산 감만포를 출항했는데, 도중에 맞바람이 불고 파도가 일어 쓰시마 와니우라로 가려고 했으나 이즈미우라에 입항했다. 이즈미우라 앞 해상에서 부사선의 선저 틈새로 침수되어 어깨 높이만큼 물이 찼다. 물을 퍼내고 일본 소선 30여척이 와서 포구로 끌고 갔다. 그 후에는 순탄하게 항해하여 4월 7일 오사카 하구의 덴포에 도착했다. 덴포에서는 일본 옥선屋船과 소선小船 40여 척을 타고 오사카에 갔으며, 오사카에서는 다시 200척의 호위와 예인으로 요도우라에 도착했다. 육로 사행을 마친 후 같은 해 윤 6월 18일 에도에서 요도우라에 도착했고, 그곳에서 판각선板閣船을 타고 오사카에 도착했다. 윤 6월 11일에 승선했으니 92일 만에 통신사선을 다시 타고 귀국길에 오를 수 있었다. 쇄환인 1,418명을 모아 데리고 7월 3일 부산포에 도착했다.

해상사행을 하는데 71일이 걸렸다. 총 사행기일 212일의 33.5%가 해상사행에 해당했으며, 출국 때 해상사행은 43일이 귀국 때에는 25일이 걸렸다. 그러나 정박기간을 제외한 실제 항해 기일은 출국 때 18일간이었고, 귀국 때 14일간이었다. 또한 부산에서 시모노세키까지 대해를 항해하는 데에는 왕복 15일이, 시모노세키에서 오사카를 경유하여 요도우라까지 내해와 강을 항해하는 데에는 17일간이 소요되었다.

1617년의 통신사는 7월 7일 동이 트기 전에 출항했다. 바다 중앙에서 횡풍과 강풍이 불어 뱃멀미가 심한 상태에서 노를 저어 어렵게 항해한 끝에 한밤중에 와니우라에 도착했다. 8일에는 일본 소선 20척 또는 40~60척이 앞에서 통신사선들을 끌고 갔으며, 순풍 덕분에 9일 이즈하라에 도착했다. 8월 2일 쓰시마 호행선 40여 척과 함께 이즈하라를 출항했다. 도중에 사풍斜風이 불었으므로 돛을 비스듬하게 걸어 항해하기도 했지만, 전반적으로 날씨가 좋고 순풍이 불어 시모노세키에 4일 도착할 수 있었다. 시모노세키에서 10일 출항한 후, 강한 역풍과 조류 때문에 되돌아왔다가 다시 출항하여 18일 요도우라 하구의 덴포에 도착했다. 덴포에서 요도우라까지는 일본의 소형 강선江船으로 옮겨 타고 갔으며, 그 이후에는 육로를 이용했다. 교토에서 돌아온 통신사 일행은 9월 11일 요도우라를 출항하여 오사

카로 갔으며, 오사카 하구에서는 16일 출항했다. 다케하라시竹
原市 앞바다에서 치목이 암초에 부딪쳤으며, 오키카무로지마沖
家室島 해상에서는 해상상태의 악화로 정박하기조차 어려운 처
지에 놓이기도 했다. 더 큰 사건은 아이노시마에서 이키시마로
항해할 때 발생했다. 악천후로 여느 때처럼 이키시마로 직항하
지 못하고 우회 항로를 택했다. 규슈 해안을 따라 요부코우라呼
子浦로 갔다가 북진하여 이키시마의 서남쪽 포구인 고노우라郷
ノ浦로 갔으며, 그곳에서 이키시마 서남단을 돌아 쓰시마의 이
즈하라로 갔다가, 10월 18일 부산포에 도착했다.

출국 때 해상사행 기일은 44일간이었고, 귀국 기일은 9월 11
일부터 19월 18일까지로 35일간이었다. 그중에서 실제 항해
기간은 출국 때 16일이었고, 귀국 때 17일이었다. 대해의 사행
기간은 출국 때 34일과 귀국 때 20일을 더한 54일 간이었고, 실
제 항해 기간은 14일간이었다. 내해와 강의 사행 기간은 출국
때 19일과 귀국 때 15일로 총 25일간이었고, 실제 항해 기간은
19일간이었다.

1624~1625년의 통신사는 출항하려고 두번이나 시도했지만
바람 때문에 실패했다. 10월 1일 부산을 출항했다가 태종대 앞
바다에서 역풍이 불어 다시 되돌아왔으며, 2일 박명 전에 다시
출항하여 밤에 쓰시마의 와니우라에 도착했다. 중간 해역에서
거친 파도와 역풍 때문에 죽을힘을 다해 노를 젓기도 했다. 이

즈하라, 가쓰모토우라, 시모노세키 등을 경유하여 덴포에 11월 15일 도착했다. 덴포에서는 일본의 누선樓船으로 갈아타고 19일 새벽에 요도우라에 도착했다. 에도에서 돌아온 통신사 일행은 1625년 1월 일본의 상선上船을 타고 요도우라에서 오사카로 갔다. 오사카에서 28일 출항한 선단은 3월 4일 부산 초량항에 도착했다. 와니우라에서는 일본의 소선 6척이 예인하러 나왔고, 이즈하라를 출항할 때에는 쓰시마 호행선 24척이 동행했다. 아이노시마에서는 예인용 소선 70여 척과 일본 상선 100여 척이 합류했다. 무로쓰室津에서도 선단 규모가 100척으로 증가했다. 역풍이나 횡풍이 불어 투묘하여 대기하거나 두 돛을 비껴달고 항해하고, 무풍이나 약풍으로 노를 저어 항해하며, 정박이나 출항하기 위해 조류를 대기한 경우도 종종 있었다. 가쓰모토우라에서는 계속 내리는 비가 개기를 바라는 기청제祈晴祭를 지냈다.

출국 때 해상사행기일은 49일간이었으며, 귀국 때에는 47일간이었다. 해상사행의 기일은 총 96일이었는데, 전체 사행기일 210일간의 46%가 해상사행이었다. 그중에서 대해의 사행기일은 출국 때 34일 귀국 때 64일간이었고, 내해와 강의 사행기일은 출국 때 15일 귀국 때 16일 총 32일간이었다. 귀국 때 실제 항해기일은 출국 때 21일 귀국 때 16일로 총 37일간이었다. 또한 대해에서의 실제 항해기일은 출국 때 10일 귀국 때 6일로

16일간이었고, 내해와 강의 항해 기일은 출국 때 11일 귀국 때 10일로 21일간이었다.

1636~1637년의 통신사는 1636년 10월 6일 이른 새벽에 부산포를 출항하여 초량항의 협수로를 지나 큰 바다로 나갔다. 도중에 풍파로 심한 멀미를 했으나 저녁 무협에 쓰시마의 사스나佐須奈에 도착했다. 8일부터 일본 소선들에 예인된 통신사 선단은 12일 이즈하라에 도착했다. 쓰시마 선박 24척이 합류하여 30척이 된 통신사 선단은 이후 대체로 순탄하게 항해하여 11월 10일 덴포에 도착했다. 덴포에서 일본의 누선에 환승한 통신사 일행은 15일 오사카를 출항하여 16일 요도우라에 도착한 후 육로로 사행길에 올랐다. 그들이 에도에서 요도우라로 돌아온 것은 1637년 1월 20일이었다. 오사카에서 통신사선에 갈아탄 통신사 일행은 효고 앞바다에서 부사선이 갯벌에 얹히고, 시모쓰에서 돛대가 부러지는 해난사고를 당하기도 했다. 그들은 강풍과 큰 파도 때문에 영도와 오류도 사이의 해역으로 가지 못하고 그 대신 초량항을 지나 2월 25일 부산포로 돌아왔다.

해상사행 기간은 출국 때 38일간 귀국 때 35일간으로 총 73일간이었다. 육로 기간 132일간에 비해 해로 기간이 73일간이었기 때문에 해로사행기간은 전 사행기간 193일간의 38%를 차지했다. 대해의 사행 기간은 출국 때 24일간 귀국 때 14일로 38일간이었고, 내해와 강의 사행 기간은 출국 때 14일과 귀국 때 21일로 35일간이었다. 실제 항해기간은 출국 때 18일과 귀국 때 16일을 더한 34일간이었다.

1643년의 통신사는 출항할 때 가장 큰 어려움을 겪었다. 부산포, 초량항, 감만포를 오가면서 순풍을 기다렸다가 4월 14일 출항했으나, 외해에서 강풍과 큰 파도를 만나 3척의 치목이 부러지고 삼판이 부서져 침수되어 회항했다. 다시 다대포로 이동하여 순풍을 기다리다가 27일 오전에 출항하여 어두워졌을 때 와니우라에 도착했다. 와니우라에서 연안을 항해하여 이즈하라로 갔으며, 그곳에서는 해상상태가 좋지 않아 체류일이 길어졌는데, 귀국 때도 같은 상태였기 때문에 이즈하라에서의 정박일수는 총 41일간이나 되었다. 이키시마의 가쓰모토우라에서는 기다리던 바람이 불지 않아 아이노시마로 직항하지 못하고 규슈 나고야를 우회하는 항로를 택했다. 5월 24일 시모노세키를 출항한지 얼마 되지 않아 역풍이 불어 노를 저어 항해하기도 했다. 오사카 하구에서는 누선과 소선에 환승하여 6월 13일 요도우라에 도착했다. 통신사 일행은 8월 26일 에도에서 요도우라로 돌아왔으며, 9월 6일 오사카 하구에서 통신사선을 타고 출항했다. 아이노시마와 이즈하라를 거쳐 10월 29일 부산포에 도착했다. 와니우라에서 부산포로 올 때에도 풍파가 심하고 역풍이 불어 노를 저어 항해하는 어려움을 겪었다.

출국 때 해상사행기일은 62일간 귀국 때에도 62일간이었다.

따라서 총 해상사행기일은 124일간이었으며, 이는 총 사행기일 262일간의 47%에 해당한다. 그중에서 대해의 사행기간은 출국 때 43일간 귀국 때 39일간으로 82일간이었다. 내해와 강의 사행기간은 출국 때 19일간 귀국 때 23일간으로 42일간이었다. 또한 정박일을 제외한 실제 항해기일은 출국 때 23일 귀국 때 15일간이었다. 대해의 실제 항해기일은 18일 내해와 강의 실제 항해기일은 20일간이었다.

1655~1656년의 통신사는 가장 힘든 해상사행을 경험했다. 6월 9일 아침에 부산포를 출항한 통신사선단은 강풍과 큰 파도를 만나 항해진형이 무너졌으며, 종사관선의 타가 부러지고 대체한 예비타마저도 부러져 선내 사다리로 타를 대신했다. 선내 침수가 심해 화물의 절반가량이 물에 젖었으며, 타를 대신하는 대체물이 제대로 역할을 하지 못해 제자리를 빙빙 돌았다. 쌍돛을 내리고 뒷 돛대를 눕힌 후 노를 저었으나 표류하고 말았다. 일본 호행선 1척에 예인되어 바듯이 항해하다가 와니우라에서 나온 구호선 100척의 도움으로 순탄하게 예인되었다. 그러나 너무 멀리 표류해버렸기 때문에 쓰시마의 남서쪽으로 훨씬 떨어진 시시미에 입항했다. 시시미에서 일본 선박 10여 척의 예인과 종사관선의 노질로 출항하여 사스나에 입항했던 정사선과 부사선과 와니우라에서 합류했다. 그곳에서 선단은 일본 선박 30~40여 척의 예인 활동으로 15일 이즈하라에 도착했

다. 7월 21일 선단은 왜선 40여 척과 함께 이즈하라를 출항하여 이키시마의 가쓰모토우라에 도착했는데, 일본 예인선 40여 척이 오십 리 밖 해상까지 나와 있었다. 23일 가쓰모토우라를 출항한 선단은 바람 때문에 회항했다가 25일 다시 출항하여 아이노시마에 도착했는데, 일본의 예인선인 과선戈船 수십여 척에 의해 예인되었다. 8월 3일에는 강풍으로 일본 호선인護船人들이 닻줄을 잡은 채 밤을 샜다. 4일에는 그곳을 출항한 선단이 당일 시모노세키에 도착했다. 선단은 13일 시모노세키를 출항하여 역풍, 강풍, 큰 파도, 조수, 강우 등으로 고생한 후 9월 5일 밤에 오사카 하구에 도착했다. 일본 누선 5척에 환승한 통신사 일행은 화물을 운반할 일본 소선 100여 척과 함께 6일 하구를 출항했는데, 강 양안에서 600~700명이 밧줄로 누선들을 끌었다. 선단은 12일 새벽에 요도우라에 도착했다. 11월 22일에 도에서 요도우라에 돌아온 일행은 당일 누선을 타고 출항하여 23일 오사카에 도착했다. 12월 2일 오사카 하구에서 통신사선으로 환승한 후 출항한 일행은 29일 시모노세키에 도착했다. 1656년 1월 9일 선단은 시모노세키를 출항하여 바람, 풍파, 눈과 비, 명절 등의 요인 때문에 여러 날 곳곳에서 정박한 후 2월 11일 새벽에 부산포에 도착했다.

해상사행기일은 출국 때 91일간 귀국 때 77일간으로 총 168일간이었으며, 전체 사행기일 296일간의 57%를 차지했다. 그

중에서 대해의 해상사행기일은 출국 때 62일 귀국 때 31일로 93일간이었으며, 내해와 강의 해상사행기일은 출국 때 29일 귀국 때 46일로 75일간이었다. 대해에서의 실제 항해기일은 출국 때 7일 귀국 때 6일로 13일간이었고, 내해와 강에서의 실제 항해기일은 출국 때 13일 귀국 때 10일로 23일간이었다.

1682년의 통신사선단은 6월 18일 아침에 부산포를 출항하여 초저녁에 쓰시마 사스나에 도착했다. 사스나에서 일본 소선들의 예인과 안내로 21일 출항한 선단은 24일 오우라大浦를 출항할 때 통신사선마다 10척의 일본 소선들에 의해 예인되었으며, 24일 이즈하라에 도착했다. 7월 8일 일본 호행선 50여 척 (80~90척이었다는 기록도 있다)과 함께 이즈하라를 출항했다. 도중에 이키시마에서는 연후선延候船 즉 손님을 맞이하는 영접선 50여 척이 10리 밖까지 나왔다. 선단은 10일 아이노시마를 출항한 후 강한 돌풍과 소나기로 곤경에 처하기도 했으며, 시모노세키에서 수십 척의 일본 선박들이 나와 통신사선들을 예인해갔다. 호행선을 포함하여 100척의 규모로 커진 선단은 15일 그곳에서 출항하여 26일 오사카 하구에 도착했다. 일본 누선 6척으로 환승한 통신사 일행은 소선 40여 척과 함께 8월 2일 아침에 하구를 출항했으며, 강 양안에서 수천 명이 누선에 묶은 밧줄을 끌은 덕분에 그날 밤 요도우라에 도착할 수 있었다. 10월 1일에도에서 요도우라로 돌아온 통신사 일행은 당일 그곳을 출항하여 2일 오사카에 도착했다. 6일 통신사선으로 환승한 일행은 하구를 출항하여 13일 시모노세키에 도착했다. 선단은 15일 시모노세키에서 출항했으며, 17일 이즈하라에 도착했고, 27일에는 일본 호행선 4척과 함께 출항하여 30일 부산포에 도착했다.

해상사행기일은 출국 때 43일간 귀국 때 29일간으로 총 72일간이었으며, 전체 사행기일 185일의 39%에 해당했다. 그중에서 대해의 해상사행기일은 출국 때 26일 귀국 때 15일로 41일간이었으며, 내해와 강의 해상사행기일은 출국 때 17일 귀국 때 14일로 31일간이었다. 대해에서 실제 항해거리는 출국 때 7일 귀국 때 5일로 12일간이었으며, 내해와 강의 실제 항해거리는 출국 때 10일 귀국 때 10일로 20일간이었다.

1711~1712년의 통신사선단은 7월 2일 부산포에서 개운진으로 이동했다가 5일 아침에 일본 호행선 3척과 함께 출항했다. 그런데 도중에 부사선의 치목이 부러져 예비치목을 다듬어 사용하려 했으나, 해상교체가 불가능하여 왜관 앞바다로 회항하여 투묘했다. 15일 부사선은 일본 선박 6척과 함께 개운진에서 다시 출항했으며, 역풍으로 노를 저어가다가 100여리까지 나온 일본 선박 100여 척의 예인으로 사스나에 도착하여 먼저 와있던 다른 통신사선들과 합류했다. 통신사선단은 17일 사스나를 출항하여 19일 이즈하라에 도착했다. 이즈하라에서는 강풍이 불고 큰 파도가 정박지로 몰아쳐 닻줄 20여 가닥이 모

두 절단되어 통신사선이 돌로 만든 선창에 부딪치는 사고가 일어났는데, 군관 한 명의 임기응변으로 인명피해를 막고, 선원들이 밤새 타를 잡고 있어 선체의 파손을 막았지만, 선적한 화물이 모두 물에 젖어버렸다. 선단은 일본 호행선 100여 척과 함께 8월 9일 이즈하라를 출항하여 아이노시마로 갔다. 그런데 도중에 소나기, 운무, 강풍, 역풍이 불어 어려움을 겪었으며, 아이노시마에서 예인선 수백 척이 나와 예인했지만, 수심이 낮아 투묘했다. 그러나 복선 두 척은 역풍 때문에 포구에 진입하지 못하고 그대로 항해하여 후쿠오카시福岡市 이마즈우라今津浦에서 70리 떨어진 곳에 정박했다가 19일 아이노시마로 와서 합류했다. 26일 그곳을 역풍 속에서 출항한 선단은 통신사선 1척당 수십 척의 일본선박에 의해 예인되어 간신히 앞으로 나아가 29일 100척의 해상 영접을 받으면서 시모노세키에 도착했다. 9월 1일 선단은 시모노세키에서 출항하여 15일 오사카 하구에 도착했다. 당일 일본의 채선彩船 10여 척에 환승한 통신사 일행은 26일 오사카를 출항했다. 일본인 100여 명이 강안에서 채선을 끌고 갔으며, 27일 오후 요도우라에 도착했다. 귀국에 대해서는 자료가 없어 자세히 알 수 없고, 12월 21일 하구에서 배를 타고 있었으며, 1712년 1월 25일 좌수영 남천에 도착했다는 기록만 있을 뿐이다.

이 선단의 해상사행기일은 대해에서 58일간 내해와 강에서

26일로 84일간이었다.

1719~1720년의 통신사선단은 6월 15일 부산포에서 두모포로 이동했다가 일본 호행선 3척과 함께 20일 해 뜰 때 출항하여 밤에 사스나에 도착했다. 사스나에서는 쌍등불을 달은 일본선박 수십 척이 마중 나왔다. 그곳에서는 일본 선박 백여 척이 23일 아침 통신사선을 끌면서 출항했으며, 27일 이즈하라에 도착했다. 선단이 7월 19일 이즈하라를 출항할 때 일본 호행선은 천여 명이 타고 있는 100여 척이었다. 이끼시마 가쓰모토우라에서는 영호선 100여 척이 나왔다. 8월 1일 그곳에서 출항하자 약풍 때문에 장거리를 노를 저어 항해하느라 격군들의 피로도가 한계치에 이르렀으며, 아이노시마에서 영호선들이 나와 예인해갔다. 포구의 수심이 얕아 투묘 중이던 선단은 강풍, 파도, 폭우 때문에 요동이 심했으며, 한 선원이 물속으로 뛰어들어 육지의 일본인들에게 밧줄을 넘겨 선박 파손을 막았다. 선단은 10일 이른 아침에 아이노시마를 출항하여 19일 시모노세키에 도착했는데, 영호선 10여 척이 나왔다. 24일 시모노세키에서 출항한 선단은 9월 3일 오전 1시경 일본 선박 1,000여 척과 함께 무로쓰室津에서 출항했을 때 일본 소형 선박 1척이 통신사선과 충돌하여 전복되었는데, 선원들은 모두 구조되었다. 자정 무렵에 오사카 하구에 도착한 통신사 일행은 누선으로 환승하여 10일 아침에 출항하고, 11일 새벽에 요도우라에 도착

했다. 이 일행은 11월 3일 에도에서 돌아와 요도우라에 도착했으며, 4일 새벽 금선金船을 타고 오사카로 왔다. 통신사선단은 15일 하구에 출항하여 12월 8일 시모노세키에 도착했다. 이어서 선단은 12일 시모노세키를 출항한 후 아이노시마, 이키시마, 쓰시마를 거쳐 1월 6일 부산포에 도착했다.

해상사행기일은 출국 때 84일 귀국 때 61일로 모두 145일이었으며, 총 사행기일 280일의 52%를 차지했다. 그중에서 대해의 해상사행기일은 출국 때 68일 입국 때 23일로 91일간이었고, 내해와 강의 해상사행기일은 출국 때 16일 귀국 때 38일로 54일간이었다. 대해에서 실제 항해기일은 출국 때 11일 귀국 때 5일로 16일간이었고, 내해와 강의 실제 항해기일은 출국 때 11일 귀국 때 14일로 25일간이었다.

1748년의 통신사선단도 출항 때부터 어려움이 많은 경우에 속했다. 2월 12일 새벽에 부산포를 출항했으나, 풍향이 바뀌어 두모포진으로 회항했다. 13일에는 정박 중 강풍으로 부사선의 닻줄이 끊어져 요동이 심했는데, 군관 한 명이 물속에 뛰어들어 밧줄을 육지에 연결해 피해를 모면했다. 15일에는 구 초량으로 가다가 다대포진까지 가버렸다. 그곳에서 폭우와 강풍으로 부사선의 밧줄이 끊어져 떠내려가 다른 통신사선과 충돌하기 직전까지 갔지만 소형 선박들을 이용하여 밧줄을 해안으로 연결하여 피해를 막았다. 선단은 16일 다대포를 출항했으며,

격랑을 만나 고생한 후 와니우라에 도착했다. 사스우라의 예인선 50척이 와서 예인하여 선창에 정박할 수 있었다. 와니우라에서 머물던 21일 밤 부사선이 불이 나 다 타버렸기 때문에 일본 선박 1척을 빌려 복선으로 정했다. 23일 통신사은 각 10여 척의 일본 예인선들에 예인되어 와니우라를 출항하여 24일 이즈하라에 도착했다. 3월 17일 이즈하라에서 출항한 선단은 많은 예인선들의 도움으로 이키시마를 거쳐 4월 2일 아이노시마에 도착했다. 그곳에서는 각 통신사선은 대형 예인선 2척과 소형 예인선 10여 척에 의해 예인되어 4일 출항했으며, 도중에 바람 때문에 갈지자 항해를 하여 5일 시모노세키에 도착했다. 7일 시모노세키에서 출항한 선단은 가미노세키에서 일본 소형선 30여 척이 땔나무와 식수를 싣고 와서 예인작업을 했다. 효고兵庫에서 항로의 수심이 낮아 예비치목과 닻줄을 육지에 내려 맡겨두었다. 선단은 21일 오사카 하구에 도착했으며, 채선彩船으로 환승하고 오사카에 도착했다. 5월 1일 오사카에서는 금루선金樓船으로 다시 환승하여 출항했는데, 금루선 1척당 강 양안에서 80여 명의 인부가 밧줄을 끌고 강에서 소형선 4~5척이 예인하여 항해한 끝에 2일 요도우라에 도착했다. 도착하기 전에 소형선 수십 척이 저수심 지역에 깃발을 꽂았다. 통신사 일행은 6월 28일 에도에서 요도우라로 돌아와 오사카로 항해해 왔다. 오사카에서 금루선을 타고 하구로 와 통신사선으로 환승한 통신사 일행은 7월 4일 출항하여 15일 시모노세키에 도착했다. 도중에 13일 가미노세키에서 부사선의 주방에서 숯불에 의한 화재가 발생했으며, 맡겨둔 예비치목과 돛줄을 다시 선적했다. 16일 시모노세키에서 출항한 선단은 아이노시마, 이키시마, 쓰시마를 거쳐 윤 7월 12일 부산에 도착했다.

해상사행기일은 출국 때 79일 귀국 때 43일로 모두 122일이었으며, 총 사행기일 269일의 45%를 차지했다. 그중에서 대해의 해상사행기일은 출국 때 68일 입국 때 23일로 91일간이었고, 내해와 강의 해상사행기일은 출국 때 16일 귀국 때 38일로 54일간이었다. 대해에서 실제 항해기일은 출국 때 9일 귀국 때 5일로 14일간이었고, 내해와 강의 실제 항해기일은 출국 때 12일 귀국 때 10일로 22일간이었다.

1763~1764년의 통신사선단은 이 책에서 살펴보고 있는 10차례의 사행 중 사건사고가 가장 많이 일어나고 사행기간도 가장 길었던 경우에 해당했다. 8월 6일 부산을 출항한 선단 중 정사선은 해상에서 치목의 분판이 떨어져나가 노목을 대신 달아 항해했으며, 부사선도 치목이 부러졌다. 선단은 소형선 20~30척의 예인으로 간신히 사스나에 도착했다. 11일 사스나를 출항한 선단은 오우라에서 역풍과 파도 때문에 8일간이나 정박했다. 선단은 19일 오우라에서 출항하여 일본 소선 3척이 암석과 암초에 깃발을 꽂아 놓은 상황에서 일본선의 뒤를 항해했으며

27일에야 이즈하라에 도착했다. 11월 13일 이즈하라에서 출항한 정사선은 이키시마 앞바다에서 다시 치목이 부러지고, 돛의 골격인 활대도 부러지며, 선저가 침수되었다. 난간을 부셔 밧줄을 늦추는 임기응변으로 해상에서 바닷이 타를 고친 후에야 가쓰모토우라에 도착했다. 12월 3일 일출 직후 선단이 그곳에서 출항했는데, 정사선은 높은 와류와 역조류로 예인선의 밧줄이 끊어져 침로가 흔들렸으며, 종사관선은 치목의 분판이 떨어져 나가 타 기둥으로 지탱하면서 항해하여 아이노시마에 한밤중에 도착했다. 부사선은 예인선의 도움을 받지 않은 채 계류하려다 해안에 얹혔다. 치목 구멍으로 물이 들어와 침수가 되자, 부사선의 화물을 다른 배로 옮겨 실었다. 12월 26일 아이노시마에서 출항한 선단은 27일 시모노세키에 도착하여 예인선 수십 척의 예인으로 계류할 수 있었다. 1764년 1월 2일 그곳을 출항한 선단은 출항할 때 예인선에 밧줄을 묶기도 전에 파도에 휩쓸려 맴돌았는데, 노를 저어 간신히 예인용 밧줄을 맬수 있었다. 5일에는 와류를 만나 노를 아무리 저어도 밀리고 예인용 밧줄도 끊어져버렸지만, 사력을 다해 가로토加老島에 도착할 수 있었다. 9일 다시 출항한 선단은 20일 오사카 하구에 도착했다. 도중에 히비日比 앞바다에서는 일본의 소형선 1척이 글씨를 받으려고 통신사선에 접근하다가 배가 빨라 난간 밑으로 들어가 전복되었다. 17일에는 무로쓰에서 출항했다가 역풍을 만나 회항했다가 19일 다시 출항하기도 했다. 하구에서 오사카까지는 일본 금루선金樓船으로 환승하여 갔으며, 오사카에서 29일 출항한 통신사 일행은 1척당 70~80명이나 100명의 인부들이 강 양안에서 밧줄로 배를 끌어 27일 요도우라에 도착했다. 인부들이 마을마다 다른 사람으로 교체되었기 때문에 예인에 동원된 총 인력은 1,000여 명이나 되었다. 에도에서 돌아온 일행은 4월 4일 금루선을 타고 5일 오사카에 도착했다. 오사카를 출발할 때 제작하라고 지시한 치목 6개를 점검했다. 그런데 7일 일행 중 한 명崔天宗이 일본인의 칼에 살해되는 살인사건이 발생했다. 이 사건을 해결하느라 선단은 5월 8일에야 하구를 출항할 수 있었지만, 곧 역풍과 풍랑으로 일본선 수십 척이 예인해준 덕분에 효고에 정박할 수 있었다. 선단은 14일 효고를 출항하여 17일 가케하라竹原에 도착했는데, 여울 때문에 두 곳에서 밀리는 경험을 했으며 또한 일본 소선 한 척이 정사선 앞에서 전복하는 사고가 발생하기도 했다. 18일 다시 출항한 선단은 19일 가미노세키에 도착했고 21일에는 시모노세키에 도착하여 갈 때 맡겨둔 치목을 다시 선적했다. 24일 시모노세키를 출항한 선단은 28일 순탄하게 아이노시마를 거쳐 이키시마에 도착했다. 5월 13일 이키시마를 출항한 선단은 지남침이 달린 윤도輪圖와 위치 확인용 총통 발사를 이용하여 무중항해를 하다가 이즈하라에 나온 지로선指路船 3척의 인도로 이즈하라에

도착했다. 다시 20일 출항한 선단은 22일 한밤중에 부산포에
도착했다.

해상사행기일은 출국 때 110일 귀국 때 77일로 모두 187일
이었으며, 총 사행기일 332일의 56%를 차지했다. 그중에서 대
해의 해상사행기일은 출국 때 85일 귀국 때 27일로 112일간이
었고, 내해와 강의 해상사행기일은 출국 때 25일 귀국 때 50일
로 75일간이었다. 대해에서 실제 항해기일은 출국 때 9일 귀국
때 7일로 16일간이었고, 내해와 강의 실제 항해기일은 출국 때
14일 귀국 때 12일로 26일간이었다.

2. 항해의 특징

통신사선단의 해상사행 구간은 부산포~쓰시마(이즈하라),
쓰시마(이즈하라)~시모노세키, 시모노세키~요도가와 하구, 요도
가와 하구~요도우라의 4개로 구분할 수 있다. 앞 두 구간은 당
대인들이 대해나 원해로 불렀던 곳이며, 세 번째 구간은 내해
이고, 네 번째 구간은 강이었다.

출국의 경우, 해상사행 시기는 6~8월 즉 여름철이 가장 많았
고(26회), 이어서 9~11월 즉 가을철(19회)과 3~5월 즉 봄철(15회)의
순으로 많았다. 12~2월 즉 겨울철은 비교적 적었다(6회). 통신사
는 주로 여름철과 가을철에 출항했던 것이다. 귀국의 경우에는
겨울철(19회), 가을철(16회), 여름철(14회), 봄철(4회)의 순으로 많았

다. 통신사의 해상 항해는 주로 여름~가을에 또한 봄철보다 겨울철에 더 많이 실시되었던 것이다. 특히 부산포에서 출항하여 요도우라에 도착할 때까지를 의미하는 출국시의 해상 사행은 여름~가을이 68%를 차지할 정도로 집중적으로 실행되었고, 귀국 시에는 겨울철과 가을철이 66%를 차지했다. 이것은 비가 많이 오고 간혹 태풍이 부는 계절에 많이 출국했음을 보여준다. 항해의 측면에서 볼 때에는 이 시기에 주로 북서풍과 서풍을 받아야 범주 항해帆走航海를 할 수 있었지만, 남동풍과 동풍이 많이 부는 계절이었다. 귀국할 때는 출국할 때와 정반대였다. 통신사가 귀국하기 위한 항해는 춥고, 바람이 강해 백파가 자주 발생하는 계절에 실행되었다. 그런데 이때에는 동풍이나 남동풍을 받아야 항해할 수 있었지만, 실제로는 서풍과 북서풍이 불었다. 출국과 귀국 때 모두 기이하게도 항해에 필요한 바람이 불지 않고 주로 역풍이 많이 부는 시기에 해상 사행이 이루어졌다. 그렇기 때문에 통신사가 파견될 때 장기간에 걸친 해상 사행이 반드시 포함되었음에도 불구하고, 해상 상태와 항해 조건이 파견 시기의 결정에서 중요한 고려 요소가 되지 못했으며, 정치적 요소를 중시한 상태에서 파견 시기가 결정되었던 것으로 생각하게 만든다.

총 해상사행기일은 출국 때 17세기 초기부터 중엽까지 38~62일이 걸렸지만, 시간이 지날수록 점차 더 길어졌다. 17세기

하반기에는 43~91일이 되었고, 18세기에는 79~110일로 증가했다. 귀국시의 해상사행 기일도 출국 때와 거의 비슷한 경향을 보이고 있다. 17세기 초에는 24~47일이었지만, 계속 길어져 18세기 중엽에 이르면 43~77일로 증가했다. 따라서 전체 해상사행 기일의 증감은 자연적으로 출국 때와 귀국 때의 양상과 같다. 17세기 초기에 66일이었다가 18세기 중엽에는 187일까지 증가한다. 특히 1763년의 경우가 다른 해들에 비해 월등하게 많은 기일이 걸린 것으로 나타나는 이유는 그 해에 해상이나 정박지에서 사건과 사고가 많이 발생했기 때문이다.

구간별 해상사행 기일을 보면 다음과 같았다. 출국의 경우, 부산포~쓰시마의 사행 기일은 18~41일간으로 평균 29.6일간이었다. 쓰시마~시모노세키의 구간은 6~48일간으로 평균 17.4일간이었다. 시모노세키~요도가와 하구의 구간은 8~22일간으로 평균 12.8일간이다. 요도가와 하구~요도우라의 구간은 2~11일간으로 평균 6.2일간이었다. 출국 때에는 부산포~쓰시마의 구간을 도해할 때 압도적으로 많은 기일이 걸렸는데, 그 이유는 쓰시마의 여러 정박지는 물론 특히 도주가 머물고 있던 후추府中에서 체류한 기간까지 여기에 더했기 때문이다. 다음으로 평균 해상사행 기일이 많이 나타나는 곳은 쓰시마~시모노세키의 구간이다. 상대적으로 거리가 더 긴 세토나이카이의 해상 사행 기일은 앞 두 구간에 비해 사행 기일이 짧은 것으로 나타난다. 그 이유는 당시 대양으로 간주되었던 대한해협 동수도와 서수도가 순풍과 청명한 날씨를 기다려야 하고, 앞선 대양항해 때 입은 피해를 복구하거나 손상된 선체를 수리해야 했기 때문이었던 것으로 보인다.

귀국할 때, 요도우라~하구 구간의 해상사행기일은 4~34일간으로 평균 10.9일간이었다. 하구~시모노세키 구간에서는 6~36일간으로 평균 14.4일간이었다. 시모노세키~쓰시마의 구간은 8~36일간으로 평균 18.0일간이었다. 쓰시마~부산포의 구간은 2~18일간으로 평균 5.7일이었다. 시모노세키~쓰시마 구간의 해상 사행이 가장 오래 걸렸고, 나머지는 하구~시모노세키 구간, 요도우라~하구 구간, 쓰시마~부산포 구간 순으로 오래 걸린 것으로 나타난다. 출국 때와 비교할 때, 쓰시마~부산포의 해상 사행 기일이 가장 적게 나타나는 것은 항해하기 힘든 대양항해이지만 통신사들이 귀국길을 얼마나 서둘렀는지 알 수 있게 해준다. 그만큼 중간에서 경유한 날들이 적었던 것이다.

실제 항해한 기일은 다음과 같았다. 출국의 경우, 부산포에서 쓰시마(이즈하라) 구간에서는 4~9일간으로 평균 5.5일간이었다. 쓰시마(이즈하라)~시모노세키 구간에서는 3~4일간으로 평균 3.5일간이었다. 시모노세키~요도가와 하구 구간에서는 8~12일간으로 평균 9.5일간이었다. 하구~요도우라 구간에서는 1~2

일간으로 평균 1.5일간이었다. 시모노세키~요도가와 하구 즉 내해의 항해일이 9.5일로 가장 길었으며, 나머지는 부산포~쓰시마, 쓰시마~시모노세키, 하구~요도우라의 순으로 길었다. 거리가 더 긴 쓰시마~시모노세키 구간의 항해일보다 거리가 짧은 부산~쓰시마의 항해일이 더 길었던 것으로 나타나는 점이 이채롭다. 귀국의 경우에는 요도우라~하구 구간이 1~3일간으로 평균 2.2일간이었다. 하구~시모노세키 구간은 5~12일간으로 평균 8.2일간이었다. 시모노세키~쓰시마 구간은 2~4일간으로 평균 3.3일간이었다. 쓰시마~부산포 구간은 2~3일간으로 평균 2.4일간이었다. 역시 내해의 항해일이 8.1일로 가장 길었으며, 나머지 3구간의 평균 항해일은 2.2~3.3일로 큰 차이가 없었다.

전체적으로 볼 때, 실제 항해일수는 몇 가지 특징을 보인다. 첫째, 귀국할 때의 항해일이 출국할 때보다 약 4일간 더 짧다. 둘째, 세토나이카이에서의 항해일이 가장 길고, 대한해협 동수도와 서수도에서의 항해일수에 비해 2배 이상 길다. 셋째, 출국 시와 귀국 시를 막론하고 17세기 초보다 18세기 중엽으로 갈수록 항해일이 더 길어지는 경향이 나타난다. 넷째, 하구~요도우라에서는 출국할 때보다 귀국할 때가 더 길게 항해한 것으로 나타난다.

통신사선단이 정박했던 곳은 다음과 같았다. 출국의 경우,

세토나이카이 즉 내해 구간이었던 시모노세키~하구 구간이
9~15곳으로 가장 많았는데, 평균 11.9곳이었다. 다음으로 많은
곳은 부산~쓰시마 구간으로 5~11곳이었으며, 평균 7.1곳이었
다. 이 구간에는 쓰시마 북부부터 연안을 따라 내려오면서 이
즈하라에 도착하기까지 거쳤던 수많은 포구가 포함되어 있다.
귀국의 경우, 정박지가 출국 때와 같지만, 정박지 수는 달랐다.
하구~시모노세키의 구간은 5~13곳이었으며, 평균 10.0곳이었
다. 최소 정박지 수가 4곳이 차이가 나며, 평균치도 2곳이 차이
가 난다. 부산~쓰시마의 구간도 약 3곳이 차이가 난다. 출국할
때보다 귀국할 때가 그만큼 경유지가 적게 나타나고 있는 것이
다. 이러한 추세는 전체 정박지 수를 보면 확연하게 드러난다.
출국할 때에는 20~30곳이었고, 귀국할 때는 15~24곳이었다.
이러한 현상이 나타난 것은 고향에 하루라도 빨리 가고 싶은
마음이 귀국길의 경유지를 최소화시켰기 때문이다. 마음이 급
했던 통신사 일행은 계속 항해할 수 있는 조건이라면 야간항해
도 감내해가며 온종일 혹은 이틀 연속으로 항해했던 것이다.
　이어서 통신사선단이 사용한 항해술을 볼 차례이다. 노와 돛
을 겸용하는 선박이 추진력을 얻는 방법은 3가지이다. 하나는
노를 젓는 것이요, 둘은 돛을 다는 것이요, 셋은 다른 선박이나
사람들에 의해 끌려가는 것 즉 예인曳引이다.
　노를 저어 추진력을 얻는 경우는 대체로 바람이 불지 않거나

약할 때, 역풍이 불 때, 항구나 포구 안에서 기동할 때, 와류나 역조류 같은 자연 현상에 의해 항진이 방해받을 때, 군도나 협수로에서 항해할 때, 수심이 낮은 곳에서 항해할 때 등이었다. 대한해협의 동수도와 서수도 같은 대해를 항해할 때는 물론 세토나이카이 같은 내해와 요도가와 같은 강을 항해할 때에도 모두 이 방법이 사용되었다.

돛을 이용하는 경우는 바람이 강하게 불되 순풍일 때와 횡풍이 불 때이다. 노, 돛, 예인선 등을 이용하여 항해할 수 있는 추진력을 얻는 방법 중 돛을 이용하는 것이 가장 효과적이고 빠르다. 대한해협의 서수도와 동수도처럼 당대인들에게 '대해大海'로 보였던 바다에서는 돛을 이용하는 방법이 선호되었다. 협수로나 군도群島에서 강풍이 불 경우 돛을 이용하는 것은 너무 빠른 속력과 큰 선회반경旋回半徑 때문에 이용하기 어려웠다. 통신사선들은 '대해'에서 순풍을 받을 경우 베돛(布帆)을 자리돛莞席으로 바꿔달았는데, 그 이유는 강풍에 돛베가 찢어지고, 비에 젖었을 때 돛들이 기둥이나 활대에 달라붙어버리고, 장기간 사용으로 변색되어버리는 것 등을 예방하기 위함이었다.

예인을 이용하는 방법은 항로에 대한 지식이 없었을 때, 항해의 장애물이 많을 때, 방향을 전환하는데 이용되는 타가 절단되거나 유실되어 배의 조종이 불가능할 때, 와류나 역류 혹은 역조류 때문에 배가 항진하지 못할 때, 수심이 얕은 곳이나 암초 등에 얹혔을 때 주로 이용되었다. 또한 예인은 항구나 포구에 출항하거나 입항할 때, 쓰시마의 북부와 중부, 간몬해협이나 세토나이카이와 같은 섬과 수도 및 해협이 많을 때, 일본의 누선과 소형 선박으로 환승하여 요도가와를 항해할 때에도 사용되었다. 예인선이 수백 척에 이르렀을 때도 있었다. 사행록에는 일본의 예인선이 호행선護行船, 예선曳船, 호예선護曳船, 영호선迎護船, 연후선延侯船 등으로 표기되어 있다. 요도가와에서는 선군船軍으로 불리는 예인 인부들이 양안兩岸에서 예인하는 경우도 있었는데, 그 수가 3천 명인 때도 있었다.

노와 돛, 노와 예인, 노와 돛 및 예인을 동시에 사용하는 경우도 있었다. 와류, 역류, 역조류, 역풍 등으로 노를 젓거나 돛을 달았지만, 추진력이 얻고자 하는 것에 미치지 못하거나 불충분할 때, 암초나 여울에 좌초되거나 해안에 얹히는 것과 같은 해양 사고가 일어났을 때, 선박, 타, 돛대 등이 파손되거나 유실되었을 때 주로 추진력을 얻는 방법 중 두 가지 혹은 세 가지가 동시에 사용되었다.

한편 항해하는 방법으로는 지문항해地文航海, 천문항해天文航海, 사풍항해斜風航海, 안내인을 이용하는 항해, 협수로항해狹水路航海 등이 사용되었다.

지문항해는 육지의 물표들을 눈으로 보고 위치와 방향을 인식하면서 항해하는 방법이다. 당대인들이 대해로 간주했던 대한해협의 서수도와 동수도는 사실상 양쪽 육지에서 반대편 육지를 어렴풋하게나마 볼 수 있기 때문에 시인거리 내에 있다고 할 수 있다. 이키수도, 겐카이나다, 세토나이카이는 육지와 섬을 근거리에서 보고 항해할 수 있는 곳들이다. 따라서 통신사선단은 해상사행의 전 노정에서 지문항해를 했었다고 할 수 있다. 특히 될 수 있는 한 육지에 바짝 붙어 항해하려는 뱃사람들의 습성 때문에 자신들도 모르게 지문항해를 하고 있었다고 할 수 있다. 한편 쓰시마 북부에서 이즈하라까지, 아이노시마에서 시모노세키까지, 시모노세키에서 요도가와 하구까지의 해역들에서 연안을 따라 항해했기 때문에 연안항해를 했다고도 할 수 있다.

천문항해는 주간에는 태양을 야간에는 별을 보고 방향을 추측하여 항해하는 방법이다. 이에 대한 기록은 사행록에서 한 가지밖에 찾을 수 없다. 1624년 11월 4일 통신사선단은 세토나이카이의 야마자키山崎에서 새벽에 출항했는데, "사방이 깜깜하여 동서를 분별할 수 없어 다만 북두칠성을 우러러보며 순풍에 맡길 뿐이었다." 깜깜한 밤에 방향을 알 수 없을 때 북두칠성을 보고 항해한 것은 천문항해로 간주할 수 있다.

사풍항해斜風航海는 문자 그대로 바람이 비껴 불 때 항해하는 방법이다. 이것은 돛을 비껴 달거나 가로 누여 달고 "쌍돛을 달아 지之자 모양으로 환전換轉하는 방법을 써서" 항해하는 방법이었다. 이러한 방향전환 방법은 오늘날 요트를 타고 항해할 때 방향을 전환하는 방법taking과 같다. 일본 선박의 돛대가 고정식이고, 돛을 좌우로는 조금밖에 움직이지 못하고 상하로만 움직이게 되어 있었던 것에 비해, 통신사선의 돛대는 약간씩 선미 쪽으로 누울 수 있고 아딧줄을 이용하여 돛을 좌우로 크게 돌릴 수 있기 때문에 돛을 비껴달 수 있었다. 이러한 사풍항해는 주로 부산포~쓰시마와 쓰시마~아이노시마의 구간 즉 대한해협 동수와 서수도를 도해할 때 사용되었지만, 우시마도牛窓~무로쓰室津의 구간을 항해할 때에도 사용되었다. 사풍항해가 대양뿐만 아니라 내해에서도 사용되었던 것이다.

안내인을 이용하여 항해하는 것은 낯선 바다를 항해할 때면 흔히 사용하는 방식이다. 일본의 봉행奉行은 일본 사공들이 부산포를 출항할 때부터 통신사선에 분승하여 안내하겠다고 건의했으며, 조선의 문위역관問慰譯官이 이를 조정에 알렸다. 물론 조정에서는 이를 받아들였다. 1720년에는 일본 사공들의 통신사선 분승이 규정화되었다. 그러나 실제로 사행 도중에 일본 사공과 조선 사공의 의견이 달라 논란이 일어난 경우가 종종 일어났다. 그때마다 삼사는 대체로 일본 사공의 말을 따랐다. 이처럼 안내인을 이용하여 항해하는 것은 오늘날 도선사(導船士, pilot)를 이용한 항해와 유사하다. 다른 점은 통신사의 안내인이 출입항과 항해를 모두 안내했던 것에 비해, 오늘날 도선사는 주로 항구나 항만을 출입항할 경우에만 안내한다는 점이다.

협수로 항해는 좁은 수로나 항로에서 항해하는 것을 의미한다. 섬과 섬 사이, 섬과 육지 사이, 운하, 강 등과 같이 좁은 수로에 해당한다. 좁은 수로에서는 대체로 물살이 빠르고 격하며, 주변에 암초가 많고, 와류가 일어날 수 있기 때문에 항해할 때마다 협수로 항해 요원을 배치하며, 인명구조나 조난을 당할 경우를 대비하여 비상 요원들도 대기시킨다. 그야말로 선박 승조원 전체가 긴장하면서 지나가야 하는 것이 협수로 항해이다. 통신사의 해상사행로 중에서 협수로에 해당하는 곳은 쓰시마 북부와 중부의 해안, 간몬 해협, 세토나이카이, 요도가와 4곳이었다.

일본인들은 통신사선의 안전 항해를 위해 세심한 배려를 했다. 암초나 여울과 같이 항해의 장애물이 있는 곳마다 일본의 소형 선박들이 앞서 가서 막대기나 깃발을 꽂아 놓거나 선단이 다 통과할 때까지 소형 선박이 지키고 있었다. 야간일 경우에는 등을 켜놓고 있었다. 일본에서는 이러한 임무를 수행하는 선박을 나다반센灘番船으로 불렀는데, 여울감시선이라는 뜻이다. 그 밖에도 통신사선단이 이키시마에서 쓰시마로 항해할 때 밤이 되자 이즈하라에서 길을 안내하는 지로선指路船 3척을 내보냈는데, 지로선은 문자 그대로 항로를 안내하는 선박이었다.

통신사선단은 출항할 때 지도地圖, 윤도輪圖, 정남침定南針과 같은 항해하는데 필요한 도구들을 가져갔던 것으로 보인다. 1617년 8월 11일 통신사선단이 아카마가세키에서 출항하여 우시마도에 도착한 후, 통신사는 "일찍이 일본 지도를 보니" 이 날 항해한 곳 주변의 지형을 알 수 있었다는 사실이 사행록에 기록되어 있다. 1764년 6월 13일, 이키시마에서 쓰시마의 이즈하라로 항해할 때 해무海霧가 자욱하게 끼어 10보 앞을 분별하기 어려워지자 정사가 탄 선박은 쓰시마의 도주가 탄 선박을 따라가면서 "윤도를 상고하여 징험徵驗"하였다. 윤도는 방위方位를 재는 데에 쓰는 기구의 하나이다. 가운데에 지남침이 꽂혀 있으며, 가장자리에 24방위로 나눈 원이 그려져 있다. 1643년 1월 15일자 예조의 계목에 붙어있는 후록에 "정남침定南針은 관상감觀象監에게 명하여 지급하게 함"이라는 구절이 포함되어 있다.[5]

정남침은 침이 정남방을 가리키고 있는 도구이다. 이 구절은 그 이후 통신사를 파견할 때마다 예조禮曹에서 작성하는 계목啓目의 후록에 포함되었다. 이 두 경우는 통신사선이 윤도와 정남침을 가져갔음을 알려주고 있는데, 윤도와 정남침은 모두 지남침을 지칭하는 말이라 할 수 있다. 그밖에도 사행 도중에 필요한 때마다 참고하기 위해 앞서 다녀온 통신사의 사행록 필사본들을 가져갔다. 이 사행록 필사본들은 항해할 때나 해상과

---

5)『國譯 通信使謄錄(I)』, 1643년 1월 5일, p. 64

포구에서 어려움을 당했을 때 아니면 미지의 곳을 항해하려 할 때마다 일종의 참고서적 역할을 했다.

다음으로 해상통신의 문제를 볼 차례이다. 육상과는 달리, 해상에서 선박 간의 신호는 사람의 목소리로 보낼 수 없기 때문에 도구를 사용했다. 해상 통신에 사용된 도구는 북, 나팔, 거정포擧碇砲, 화각畵角(뿔피리), 기旗, 화전火箭, 포砲, 자포子砲, 등화, 횃불로 9가지이다. 주간에는 북, 나팔, 화각, 기, 포(대포), 거정포, 자포로 7가지가 사용되었다. 야간에는 북, 나팔, 화전, 등화, 횃불, 화포로 6가지가 사용되었다.

출항 신호는 일본 선박은 북을 그리고 통신사선은 나팔을 이용했다. 첫 번째 북소리나 나팔소리가 나면 수습하고 정제整齊하여 즉시 출항할 수 있는 상태를 유지하면서 대기해야 했다. 두 번째 북소리나 나팔 소리가 들리면 출항하기 위해 닻을 올려야 했다. 세 번째 북 소리나 나팔 소리가 나면 출항해야 했다. 사행록에서 "북을 치자"는 일본 선박에서 북을 쳤다는 뜻이며, "닻줄을 풀고"는 비트에 묶어놓은 닻줄을 풀어 닻을 끌어올렸다는 것을 뜻한다. 거정포는 문자 그대로 닻을 올리라는 신호로 발사하는 포이다. "고각 소리가 와자그르" 했다는 문구는 북과 나발의 세 번째 소리가 동시에 들렸다는 뜻이다.

닻을 올리거나 내릴 때 보내는 신호 규정은 '거정 · 하정령擧碇下碇令'이라 부른다.

1. 1기선과 1복선은 모두 거정포擧碇砲와 하정포下碇砲를 세 방 사용하고, 부기선과 부복선은 두 방, 3기선과 3복선은 한 방이며, 만약 새벽이나 밤의 어두울 때라면, 거정포와 하정포도 야행상응령夜行相應令의 규례에 따라 기선마다 먼 저 화전火箭을 쏘고 다음에 호포號砲를 쏠 것.
2. 상마포上馬砲와 하마포下馬砲도 거정포와 하정포의 수대 로 하며, 화전도 물론 그와 같이 할 것.[6]

출항하기 위해 닻을 올릴 때와 투묘하기 위해 닻을 내릴 때의 신호 규정은 정사선, 부사선, 종사관선의 순대로 3방, 2방, 1방을 발사하게 되어 있었다. 그러나 야간에는 야간의 규정이 무엇보다도 우선이라는 점이 분명하게 밝혀져 있는 것도 주목할 만하다.

통신사선끼리의 통신은 해무海霧가 자욱하게 끼어 지적을 분간할 수 없을 때는 음향신호를 보내는 법인데, 통신사선들도 포를 쏘거나, 북을 치거나, 나팔을 불었다. 야간에는 불화살을 발사하여 신호를 보냈다. 다른 선박의 위치를 알고 싶을 때에는 화포를 발사하고, 야간에는 화전을 발사했다. 회항하거나 선회할 경우에는 포를 쏘았으며, 다른 선박들도 응사한 후 그 뒤를 따랐다. 아니면 포를 쏘고 가고자하는 방향으로 손에 든

6) 조엄,「해사일기」, 수창록, 『해행총재』, pp. 576~577.

기를 흔들기도 했다. 입항하거나 닻을 내릴 때에도 동일한 방법을 사용했다. 예선을 요청하는 경우는 사행록에 야간 사례만 나타나는데, 화전과 등불을 쏘아 알렸다.

야간에 통신하는 수단으로는 1763년 조엄의 「해사일기」에 비교적 자세하게 나열되어 있다.

일본통신사의 행차에서의 제반 군령 日本通信使行次諸般軍令

등화제 燈火制
1기선에는 황색황등 3개, 복선에는 황홍색 연등 3개, 부기선에는 청색황등 2개, 복선에는 청홍색 연등 2개, 3기선에는 백색등 1개, 복선에는 백색흑색등 1개, 기선에 등롱을 돛대 끝에 달고, 복선 등롱은 밑에 걸 것.

야행상응령 夜行相應令
1. 1기선은 먼저 화전火箭 1발을 쏜 후 호포號砲 3발 방사, 복선은 호포만 3발 방사. 부기선, 삼기선, 부복선, 삼복선의 화전은 상선의 규례에 따르되, 호포는 각 1방을 줄인다.
2. 상마포上馬砲, 하마포下馬砲는 거정포擧碇砲, 하정포下碇砲의 수대로 하며, 화전도 물론 그와 같이 한다.[7]

7) 같은 책.

등화는 돛대 꼭대기에 달아 가급적이면 멀리서도 볼 수 있도록 하였다. 또한 각 배에서 걸게 되는 등화는 색깔을 달리하여 구분할 수 있도록 했다. 원래 홍색紅色은 남방화南方火로서 앞을, 남색藍色은 동방목東方木으로 왼쪽을, 백색白色은 서방금西方金으로 오른쪽을, 그리고 흑색黑色은 북방수北方水로서 뒤쪽을 의미했다. 그리고 황색黃色은 땅土으로 중앙을 의미했다. 이 규정에 따라 기함의 역할을 하는 1기선은 황색등을, 부기선은 청색등을, 3기선은 백색등을 달았다.

이러한 신호도구와 신호는 1560년에 조선에서 초간된 명나라의 『기효신서紀效新書』의 내용을 참고하여 제정된 것이었다.

신호를 보내려 할 때면 먼저 포를 쏘아 각 배에 탄 사람들을 주목시킨 후 보내고자 하는 신호를 보냈다. 포를 쏘는 것은 포소리가 배에서 낼 수 있는 소리 중 가장 컸기 때문이다. 북과 나팔을 처음 불면 수습하고 정제한 후 대기하고, 두 번째 불면 닻을 올리고 출항할 준비를 하며, 세 번째 불면 출항한다는 신호 규정도 『병학지남兵學指南』의 내용과 다르지 않다.

통신사들이 일본인들과 묵계한 삼고三鼓와 삼취三吹는 바로 위의 규정과 일맥상통하고 있다. 삼고와 삼취 규정은 현대 해군에서 사용되고 있는 '15분전'과 '5분전'의 태도와 거의 같다는 사실을 알 수 있다. 그러나 세부적으로 보면 약간의 차이가 있다. 예를 들면, 수군의 훈련을 뜻하는 수조水操에서 전선戰船이 선회할 경우 사용되는 신호에는 여러 가지가 있었다. "나발을 불어 방향 전환을 하고, 징을 치면 방향 전환을 종료한다. 포를 한 발 쏘고 오방신기五方神旗가 모두 후방을 가리키면, 모든 군선軍船은 … 배를 돌린다." "호포와 깃발을 동시에 사용하면, 각 군은 깃발이 가리키는 쪽으로 몸을 돌린다." 반면에 사행록의 기록에서는 포와 화전을 몇 발 쏘고 어떤 기를 사용했는지 정확하지 않아 통신사선의 구체적인 신호 내용을 알 수 없다. 그러나 이 사행록과 수조의 기록을 비교할 때, 통신사 선단의 신호가 수군의 신호체계와 유사하되, 사행선단의 신호체계가 수군의 것보다 더 단순화되어 있었다고 할 수 있을 것 같다.

7 통신사선단의 진형

1.항해 진형

통신사선단의 항해 진형은 조엄,『해사일기』,「일본신사행차제반군령日本信使行次諸般軍令」의 '열선도列船圖'를 통해 알 수 있다. 이 진형은 언뜻 보아 십자진十字陣 혹은 하반부가 더 긴 다이아몬드진으로 볼 수 있는 외관을 갖고 있다. 그러나 사실 이러한 진형은 조선 후기 수군이 사용했던 장사진長蛇陣의 변형된 형태라 할 수 있으며, 이를 현대 용어로 말하면 단종렬진單縱列陣(single column)이라 할 수 있다. 이 진형은 부산포에서 해상사열, 항해 시운전, 그리고 일본을 향해 출항할 때 사용되었다.

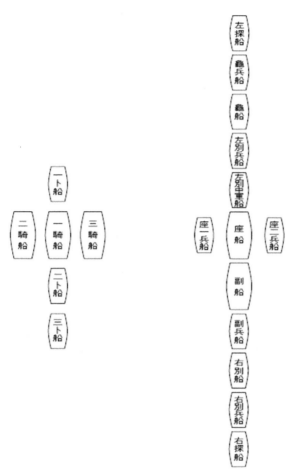

〈그림 10〉 열선도와 장사진
『통신사선단의 항로와 항해』(국립해양박물관, 2017), 284쪽에서 인용

통신사선단의 호위와 안내를 위한 일본 호행선단이 합류할 때에는 항해 진형이 달라졌다. 이에 대해서는 두 가지 자료가 일본에 있다. 하나는 「적간관신사옥병근변도赤間關信使屋幷近辺図」이고, 다른 하나는 「신사내빙자병고지대판인선도信使来聘自兵庫至大阪引船図」이다.

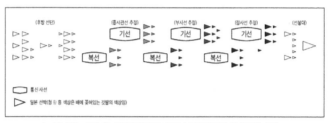

〈그림 11〉 「적간관신사옥병근변도(赤間關信使屋幷近辺図)」
(岩国徴古館 소장)의 항해 진형
(『통신사선단의 항로와 항해』(국립해양박물관, 2017), 286쪽에서 인용)

「적간관신사옥병근변도」는 시모노세키의 통신사용 객관과 주변 경관도인데, 통신사선단이 시모노세키 앞바다에서 1748년 조슈長州 수군의 선단에 의해 호행護行되고 있는 모습도 같이 그려져 있다. 〈그림 11〉은 이를 도면화한 것이다. 이 그림에는 통신사의 기선 3척과 복선 3척, 일본의 대선 1척, 중선 29척, 소선 36척이 그려져 있어 통신사선 6척을 크고 작은 일본 선박 66척이 호행하고 있는 모습을 보여준다.

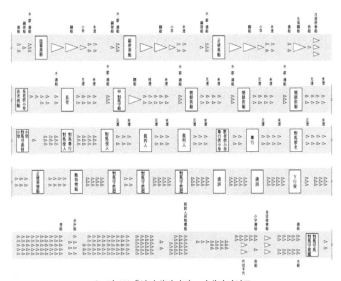

〈그림 12〉「신사내빙자병고지대판인선도

(信使来聘自兵庫至大阪引船図)」(櫻井神社 소장)의 항해 진형

(『통신사선단의 항로와 항해』(국립해양박물관, 2017), 291쪽에서 인용)

「신사내빙자병고지대판인선도」는 통신사선단을 효고에서 오사카까지 인도하고 있는 모습을 그린 것이다. 이 진형은 통신사선들이 일본의 선봉선단 뒤에 위치했으며, 삼사선 앞에는 각각 관선 2척, 소조 1척, 소형 예선 4척이 위치했다. 그 뒤에는 식수, 땔나무, 닻줄, 닻을 실은 일본 보급선 3척과 연락선 1척이 배치되었다. 통신사선단 뒤에는 쓰시마 선박들이 뒤따랐고, 해당 지역의 중형 혹은 소형 선박들이 쓰시마선 앞뒤에서 인도하고 호송했다. 선단 후방에는 통신사의 화물을 실은 일본 배들

과 예비선들이 배치되었다. 이 그림에는 통신사선단을 위해 동원된 선박 470여 척이 그려져 있다. 소조, 관선, 통신사선(복선 포함), 쓰시마선과 같은 중선이나 대선은 총 39열인데 선박의 앞뒤 간격을 50m로 잡으면 총 길이가 약 1.95㎞이다. 공선, 번선, 망정선, 통선, 수선, 조선, 여계선, 조선인화물적재선과 같은 소선들은 154열을 이루고 있는데, 선박의 앞뒤 간격을 10m로 잡으면 총 1.54㎞가 30m로 잡으면 5.13㎞가 된다. 또한 이처럼 대충 계산해도 선단의 총 길이는 3.09~6.68㎞였음을 알 수 있다.

2. 예인 진형

통신사선단은 쓰시마 북부 연안에 도착하면서부터 일본 선박들에 의해 예인되기 시작했다. 이 선단이 예인되는 모습은 당대의 기록이나 그림과 같은 5가지 자료를 통해 알 수 있다. 그중 4가지는 쓰시마, 아이노시마, 시모노세키와 같은 영접지 인근의 앞바다에서 예인하는 모습을, 나머지 1가지는 세토나이카이를 항해할 때 그림과 설명문이 같이 있는 상세한 선단 행렬도이다.

『쓰시마일기津島日記』의「한선개범도韓船開帆図」는 이 책에서 다루는 범주에 속하지는 않지만 1811년 기선 2척과 복선 2척 총 4척의 통신사선단이 마지막 통신사를 태우고 이즈하라로 갔을 때 예인하는 모습을 단편적으로 보여준다. 기본적으로 3가닥의 예인색曳引索을 이용하여 일본의 소형 선박 20척이 화살표 모양으로 배치되어 통신사선 1척을 끌고 있으며, 가운데 가닥의 2번선과 3번선에는 예인선이 추가로 2척씩 더 배치되었다. 이를 근거로 삼아 예인선단의 전체 규모를 추정하면, 17~18세기 통신사선단들의 기선騎船이 3척이었으므로 60척의 예인선이, 만약 복선도 같은 방법으로 예인하였다면 120척의 예인선이 쓰시마에서 통신사선단의 예인에 동원되었을 것이다.

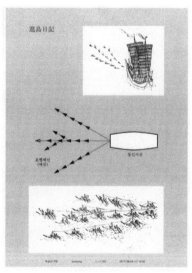

〈그림 13〉 『쓰시마일기(津島日記)』,「한선개범도(韓船開帆図)」,(下卷, (福岡 : 財團法
人 西日本文化協會, 1978, pp. 37B~39A)를 근거로 추정한 예인 진형도
(『통신사선단의 항로와 항해』(국립해양박물관, 2017), 295쪽에서 인용)

『신구쵸지新宮町誌』의「통신사선해상예항도通信使船海上曳航図」는
1682년 아이노시마 앞바다에서의 예인되는 모습이다. 여기에
는 후쿠오카번福岡藩과 오카야마번岡山藩 두 지방의 예인 진형이
그려져 있다. 후쿠오카번의 진형에는 통신사선 바로 앞에 관선
이 더 배치되어 있다. 통신사선에서 1가닥의 예인색이 관선에
연결되고, 그 관선에서 다시 2가닥의 예인색이 다른 2척의 관
선으로 나란히 연결되며, 그 2척의 관선 앞에는 각 6척의 소선
들이 일렬로 연결되어 있다. 전체적으로 통신사선 1척 당 예인
선은 관선 3척과 소형 선박 12척으로 15척이며, Y자 모습이다.
오카야마번의 진형은 통신사선 뒤에 통선이 배치되어 있다. 또
한 통신사선에서 2가닥의 예인색이 관선 2척으로 나란히 연결
되고, 각 관선마다 6척의 소선들이 일렬로 연결되어 있다. 통신
사선 1척 당 예인선은 관선 2척과 소형 선박 12척으로 14척이
며, 전체적으로 V자 모양이다.

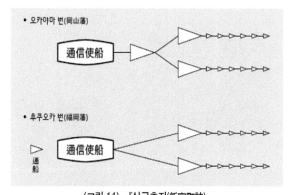

<그림 14> 『신구쵸지(新宮町誌)』
(新宮町誌編輯委員會,新宮町 : 第一法規出版株式會社, 1997),
「통신사선해상예항도(通信使船海上曳航図)」를 근거로 추정한 예인 진형도
(『통신사선단의 항로와 항해』(국립해양박물관, 2017), 296쪽에서 인용)

아이노시마 역사회相島歷史會가 『신구쵸지』를 근거로 2012년
에 작성한 「통신사선해상예항도通信使船海上曳航図」는 그 섬이 속
해 있는 후쿠오카번의 예인 진형에 따라 통신사선 1척당 관선
2척과 소형선박 12척, 그리고 통선 1척이 배치되어 있다. 그곳
에서 통신사선 6척에 대해 총 84척의 예인선이 동원되었다.

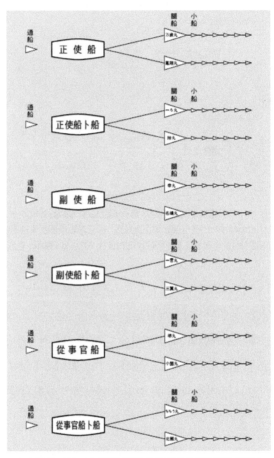

〈그림 15〉 아이노시마역사회(相島歷史會)가 작성한 예인 진형도
(『相島歷史年表』, 相島歷史の会, 初版 2012, 四版, 2016.)
(『통신사선단의 항로와 항해』(국립해양박물관, 2017), 297쪽에서 인용)

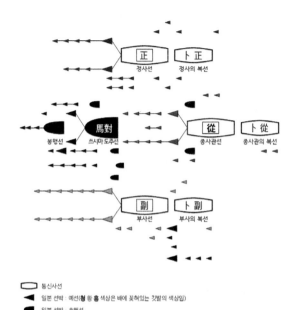

통신사선

일본 선박 : 예선(형 활 홈 색상은 배에 꽂혀있는 깃발의 색상임)

일본 선박 : 호행선

〈그림 16〉 가미노세키(上関) 앞바다의 「통신사선상관내항도(通信使船上関来航図)」
(下関市立長府博物館, 『企劃展 朝鮮通信使と下関』,
下関教育委員會, 2008, p. 26)를 근거로 추정한 예인 진형도,
『통신사선단의 항로와 항해』(국립해양박물관, 2017), 299쪽에서 인용)

조센지超専寺가 소장하고 있는 「통신사선상관내항도通信使船上
関来航図」는 가미노세키上関에 정박하기 직전 맞은편인 무로쓰
室津에서 선단을 본 모습인데, 통신사선뿐만 아니라 동행하고
있는 쓰시마 선박들의 예인 모습도 함께 보여준다. 위에서 본
후쿠오카번의 예인 진형과 같이 삼사선과 쓰시마 도주선의 앞

129

에 있는 2척의 관선이 2가닥의 예인색으로 V자 형으로 연결되어 있고, 각 관선 앞에는 3~6척의 소형 선박들이 일렬로 연결되어 있다. 소형 선박들이 조금 흐트러진 형태를 이루고 있으며 어떤 것은 예인색이 연결되어 있지 않은 채 흩어져 있는데, 이는 항구에 도착한 선박들이 정박하고 난 후 임무를 마친 일부 예인선들이 흩어져 나타나는 현상이다.

이 그림에는 통신사선단이 가미노세키 앞바다에서 통신사선 3척, 복선 3척, 쓰시마 도주선 1척, 호행선 7척, 중형 선박 11척, 소형 선박 76척으로 총 101척으로 구성되었다. 정사선 주변의 선박에는 청색 깃발이, 종사관선 주변의 선박들에는 적색 깃발이, 그리고 부사선 주변의 선박에는 황색 깃발이 계양되어 있다. 이 그림은 항해 순서가 정박 순서와 반드시 일치한 것은 아니라는 점도 보여준다. 중앙 열의 쓰시마 도주선 뒤로 정사선이 위치하지 않고 또한 정사선 옆에 부사선이 아닌 종사관선이 위치하고 있는 것은 항해를 하면서 정사선, 부사선, 종사관선의 순서가 뒤바뀐 경우가 이따금 발생했었음을 알려준다.

「조선인래조각비전어치주선행렬도朝鮮人来朝覺備前御馳走船行列図」는 1748년 5월 통신사선단이 도모노우라鞆の津에서 출항하여 히비日比에 도착할 무렵의 항해 장면을 묘사한 그림(가로 810㎝ 세로 15㎝)이다. 이 그림은 선봉행선단, 정사선단, 부사선단, 종사관선단, 쓰시마 도주의 선단 순으로 그려져 있다. 정사선단의 예인선은 경우 청색 깃발, 부사선단은 황색 깃발, 종사관선단은 적색 깃발, 쓰시마선단은 흑색 깃발을 각각 꽂고 있다. 삼사선의 예인선들은 1척의 대형 선박에 1자로 연결되어 있고, 이 대형 선박에는 중형 선박 2척이 V자 모양으로 또한 이 중형 선박 앞에는 소형 선박들이 일렬로 연결되어 있다. 삼사선 복선의 예인선은 대형 선박과 중형 선박이 삼사선에 일렬로 연결되어 있고, 중형 선박 앞에는 소선들이 2가닥의 예인색을 통해 2열로 연결되어 있다. 쓰시마 도주선의 예인 형태도 척수는 다르지만 삼사선과 거의 같다. 쓰시마 도주선단 뒤에는 장로선단, 봉행선단, 통사선단이 배열되어 있다. 장로선의 예인 형태는 삼사선 복선과 비슷하다. 그러나 봉행선은 앞에 중형 선박 2척이 일렬로 V자 형태로 배치되고, 그 중형 선박마다 다시 2가닥의 예인색으로 소형선박들이 2열로 배치되어 있다. 나머지 선단들은 소형선박들이 일렬로 배치되어 예인하는 모습을 보여주고 있다. 또한 호행선, 수선, 보급선, 화물선 등은 예인되지 않았다.

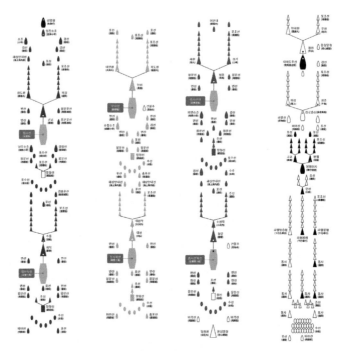

〈그림 17〉「조선인래조각비전어치주선행렬도
(朝鮮人来朝覺備前御馳走船行列図)」의 통신사선단 항해진도
(『통신사선단의 항로와 항해』(국립해양박물관, 2017), 305쪽에서 인용)

이 그림이 보여주는 통신사선단의 규모는 매우 크다. 중형
이상의 큰 선박은 통신사선 6척, 쓰시마선 4척, 관선 33척으로
총 42척이다. 소형 선박은 포선과 포조선 177척, 포수선 66척,
번선 22척, 용문선 18척, 경선 10척이다. 이 그림에는 총 366척
의 선박이 그려져 있다. 이중에서 예인색을 연결하여 예인 진

형을 이루는 선박은 168척이며, 예인 대상에는 통신사선은 물론 쓰시마 선박들도 포함되어 있다. 세토나이카이는 쓰시마인들에게도 항해하기 쉽지 않은 해역이었던 것이다.

3. 정박 진형

통신사선단이 정박할 때의 진형은 「조선선대마입주도朝鮮船對馬入湊図」, 「삼사선단정박도三使船団停泊の図」, 「조선통신사실진주어선비병풍도朝鮮通信使室津湊御船備幷風」, 「조선통신사선대판하구지도병풍朝鮮通信使船大坂河口之図屛風」, 「조선빙례사정성착래도朝鮮聘礼使淀城着来図」와 같은 자료를 통해 알 수 있다. 첫 번째와 두 번째 및 네 번째 자료는 포구에서 투묘한 채 정박한 모습을, 세 번째 자료는 잔교 계류와 해안 접안 및 포구 투묘로 정박한 모습을, 다섯 번째 자료는 강에서 정박한 모습을 각각 보여주고 있다.

「조선선대마입주도」는 1811년 통신사선단이 쓰시마 이즈하라에 정박해 있는 모습이다. 통신사선이 4척 그려져 있는 것은 이때 통신사선 2척과 복선 2척으로 총 4척이 쓰시마까지 갔기 때문이다. 통신사선들을 선수를 외해 쪽으로 두고 각 선박의 현측을 붙여 나란히 투묘하고 있다. 또한 투묘지 주변에는 반원 형태로 죽책이 둘러져 있어 외부인이나 다른 선박의 접근을 막고 있다. 이 죽책에 대해서는 다른 사행록에도 기록되어 있

다.(「조선선 쓰시마 입주도朝鮮船對馬入湊図」는 시모노세키下關시
립역사박물관에서 소장하고 있는데, 이미지는『통신사선단의
항로와 항해』, 국립해양박물관, 2017, 309쪽을 참조)

「삼사선단정박도」는 1711년 모리번毛利藩의 관할 해역 즉 지
금의 시모노세키에서 가미노세키 사이의 야마구치山口 지역에
서 통신사선단이 정박해 있는 모습이다. 이 진형은 통신사선
6척을 일본 선박들이 둘러싸고 있어 전체적으로 상부가 넓고
하부가 좁은 다이아몬드형이다. 중앙의 삼사선 뒤로 각각 복선
이 위치하고, 정사선 왼쪽에 부사선, 오른쪽에 종사관이 있다.
진형 선두 중앙에는 해상 안내를 총책임지는 무라카미 이치가
쿠村上一学가 탄 무라카미선村上船이 위치하고, 좌우에 인주引舟와
참모가 타는 무라카미선이 각 1척씩 대칭으로 배치되어 있다.
그 뒤로는 경계, 화물 수송, 연락 등의 임무를 수행하는 비교적
작은 선박들이 배치되어 있다. 이 진형은 통신사선 6척, 닻선 9
척, 조선 18척, 소형 예인선 20척, 경비선 13척, 기타 호행선 13
척으로 총 61척이 그려져 있다. 이 진형은 세토나이카이의 한
포구 안에서 투묘하고 있을 때의 진형이었던 것으로 보인다.

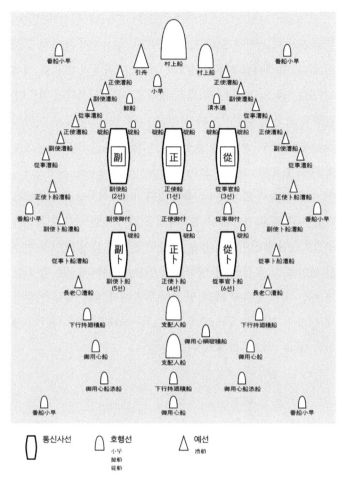

〈그림 18〉「삼사선단정박도(三使船団停泊の図)」
(山口縣文書館 소장)를 근거로 작성한 정박 진형도
(『통신사선단의 항로와 항해』(국립해양박물관, 2017), 312쪽에서 인용)

「조선통신사실진주어선비병풍도」는 1764년 통신사선단이 무로쓰室津에 정박한 모습으로 총 307척의 선박이 촘촘히 그려져 있다. 통신사선 3척은 선창의 기둥에 2가닥의 밧줄로 매어져 있다. 3척의 선미는 1가닥의 밧줄로 서로 연결되어 있으며, 왼쪽과 오른쪽 통신사선의 선미는 각각 1가닥의 줄로 선창의 기둥에 더 매여 있다. 각 통신사 선미에는 역시 밧줄로 복선들이 매여 있으며, 왼쪽과 오른쪽 통신사선의 선미는 각각 1가닥의 줄로 선창의 기둥에 더 매여 있다. 이 통신사선단 주변에는 크고 작은 일본 선박들이 경비하기 위해 투묘한 상태로 둘러싸고 있다. 일본 선박들의 일부는 포구 전체의 해안을 따라 선수를 해안 쪽으로 향한 채 열박되어 있는데, 해안에 접안해 있는지 해안 비트에 줄로 매여 있는지 분명하지 않다. 일부는 해안에 열박해 있는 선박들 뒤에서 투묘한 상태로 서로 나란히 뱃전을 댄 채 여러 무리를 이루고 있다.

◆瀬戸内の海上パレード―307隻

朝鮮通信使室津湊御船備図屏風(部分) (兵庫県立歴史博物館保管) 室津へ来航した時の船団図で約70隻も描写されている。

下の絵図には、当時の大船団のようすが、生き生きと描かれています。通信使が乗った船、それを引く船、守る船なども合計307隻を数えることができます。実に華やかで大規模な海上パレードです。船の上では楽隊が演奏を始めています。人々は港につめかけてこの一大絵巻を見学し、海外の異国情緒あふれる文化に触れたのです。

〈사진 12〉 「조선통신사실진주어선비도병풍(朝鮮通信使室津湊御船備圖幷風)」
(兵庫縣立歷史博物館 소장)(도모노우라 후쿠젠지 전시액자를 촬영)

「조선통신사선대판하구지도병풍」은 통신사 일행이 오사카 하구에서 일본 선박으로 환승하여 오사카로 갔을 때 하구에 남아있던 통신사선 1척의 정박 모습을 보여준다. 이 선박은 보유하고 있는 닻 2개 중 1개를 투묘하고 있으며, 2개의 돛대가 모두 눕혀져 있다. 통신사선 주변에는 일본 선박 6척이 그려져 있는데, 선박의장과 승선인들의 모습을 보아 통신사선을 경비하거나 물자를 지원하는 선박들로 보인다. 그러나 통신사선단 전체의 정박 진형은 알 수 없다.(「조선통신사선대판하구지도병풍朝鮮通信使船大坂河口之図屏風」은 御馳走一番館 소장이며, 이미지에 대해서는『통신사선단의 항로와 항해』, 국립해양박물관,

137

2017, 315쪽을 참조)

「통신사빙방정성도」는 1748년 통신사 일행이 일본 선박을 타고 요도우라에 정박하여 상륙하고 있는 모습을 그린 것이다. 선착장은 요도 성 맞은편 강안에 위치해 있으며, 잔가지가 그대로 달려있는 대나무들이 강 중앙에 열을 지어 꽂혀 있고 그 주변에는 화톳불을 지핀 선박들이 있는데, 오늘날 주야간으로 수심을 표시하는 부표 역할을 하고 있다. 선단은 3무리로 구분된다. 좌측의 선봉은 두 개의 좁고 작은 2개의 돌제식 잔교가 있고 하토바波堤場로 불리는 곳에 선수와 선미가 줄로 매여 있는 쓰시마 도주선의 선단이다. 그 주변에는 모래를 파내는 준설선도 있다. 중앙 선단은 4척으로 대형선으로 구성되어 있는데, 하토바와 거의 붙어 있다. 이 선박들은 통신사와 일본 고위 관리가 탄 배들이었다. 노가 노구멍에 꽂혀 있고, 닻이 그대로 매달려 있으며, 배에서 한 가닥의 밧줄로 나와 있지 않은 것으로 보아 계류하지 않고 수상에서 소형 선박으로 갈아타고 상륙한 것으로 보인다. 세 번째 선단은 후방 수상에 있는 선박 무리인데, 역시 통신사 일행을 수송하는 배들이다.

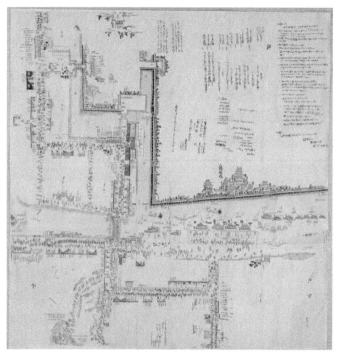

〈사진 19〉「통신사방정성도(通信使訪淀城圖)」(국립중앙박물관 소장)

통신사선단의 정박 진형은 정박지마다 다른 형태를 띠었다. 쓰시마의 이즈하라에서는 통신사선들이 나란히 현측을 맞댄 채 투묘하고 있었으며, 투묘지 주변에는 일본인이나 일본 선박들이 접근하지 못하도록 죽책이 둘러져 있었다. 세토나이카이에서는 투묘한 채로 정박할 경우는 상부가 넓고 하부가 좁아지는 다이아몬드 모습의 진형을 갖추고 그 한 가운데에 통신사선단이 위치하였다. 삼사선이 앞에 있되 중앙에 정사선이 있고, 그 좌측에는 부사선이 그리고 우측에는 종사선이 있었다. 복선들은 해당 사신선 바로 뒤에 자리 잡았다. 통신사선단을 일본 선박들이 완전히 둘러싸 호위하고 경계해주는 모습이었던 것이다. 그러나 무로쓰의 경우와 같이 선창에 접안하여 정박할 경우 사신선들이 선창에 직접 접안하고, 복선들은 바로 그 뒤에 투묘하고 있었다. 정사선이 중앙에 위치하고, 그 오른쪽에 부사선이 그리고 왼쪽에 종사관선이 위치했다. 삼사선의 배치를 앞선 진형과 비교하면 정사선이 중앙에 위치하는 것은 동일하나, 부사선과 종사관선의 위치는 좌우가 반대이다. 일본 선박들은 해안에 길게 접안하거나 투묘하고 있었다. 요도가와 하구에 투묘한 채로 정박할 때 통신사선단이 어떤 진형을 형성하고 있었는지는 자료가 없어 알 수 없다. 다만 돛대를 눕히고, 거의 모든 기를 다 내리며, 닻을 한 개나 두 개 모두 내리고 있었던 것만 알 수 있다. 요도가와를 거슬러 올라가 요도성 부근의 강안에 정박했을 때에는 일본의 관선, 정사선, 부사선, 종사관 순으로 접안해 있었다. 또한 통신사 일행은 일본에서 제공한 선박을 이용했으며, 그 주변을 수많은 일본 소선들이 따랐다.

8 선상 생활

1. 선상생활

통신사선단은 조정과 일본 양국의 합의하에 공식적으로 파견된 외교관 일행인 통신사 일행을 태우고 가는 외교선단이었다. 일본으로서는 이 외교선단이 자국 항구나 포구에 입항할 때 공식적으로 환영하기 위해 해상에서부터 영접했다. 공식적인 영접은 원래 관백이 파견한 관리가 해야 했지만, 거리가 멀어 지방 수령이 대신하는 경우가 많았다.

통신사선단의 이즈하라 도착은 일종의 외교사절인 통신사 일행의 일본 입국을 뜻했기 때문에, 쓰시마 도주나 관리가 영접관이 되어 배를 타고 나와 해상 영접을 했다. 영접 지점은 대체로 이즈하라에서 10리 앞의 해상이었지만, 수십 리를 나온 경우도 있었다. 양국 선박이 가까운 거리에 이르면 상읍례相揖禮가 이루어졌는데, 오늘날 대함 경례對艦敬禮(flag salute 혹은 passing honor)에 해당하는 선상의전이었다. 이것은 도주나 그 휘하의

141

관리가 자신이 탄 배의 갑판에서 통신사가 승선한 선박을 향해 먼저 두 차례 읍을 하면再拜禮 통신사가 통신사선의 갑판에서 쓰시마 도주가 승선한 쓰시마선을 향해 답례하는 것으로 서로 인사를 나누는 방식이었으며, 손을 들어 흔드는 것으로 대신하는 경우도 간혹 있었다. 통신사선단이 포구에 도착하여 투묘한 후 통신사들이 조복으로 환복하고 국서를 받들고 상륙하면, 정장을 한 도주가 관리들과 함께 포구에 나와 읍을 하여 인사를 나누고 영접했다. 해상 의전은 귀국할 때에도 동일하게 이루어졌는데, 18세기에는 포구에서 환송을 하고 해상 환송을 생략한 경우도 있었다. 통신사의 영접과 환송과 관련된 이러한 형태의 선상의전은 선단의 정박지에서마다 그 지역의 번주나 최고 관리에 의해 거행되었다.

통신사 일행은 선단이 일단 정박하면 통신사선의 경비, 선내 출입자의 감시, 통신사선의 보수나 수리 등의 업무를 해야 했다. 통신사선을 지키는 일은 수직守直으로 호칭되었는데, 오늘날 당직에 해당한다. 각 통신사선마다 1명의 군관이 수장守將이 되어 배를 지켰으며, 그들은 통신사의 명령을 전하거나 물자를 출입하는 사람이 신표信標인 영기令旗를 보유하고 있는지 확인했다. 또한 정박지 출입문關所에는 사령들을 배치하여 통신사 일행은 물론 일본인까지도 출입과 언행을 감독하게 했다.

통신사선을 보수하거나 수리한 경우는 두 차례 있었다. 하나는 1763년 쓰시마에서 이키시마로 갈 때 정사선의 부러진 치목을 이키시마의 가자모토우라에서 수리한 경우였는데, 시설과 장비의 부족 그리고 수리기술의 미비로 9일간이나 걸렸다. 다른 하나는 같은 통신사선단이 가자모토우라에서 출항하여 아이노시마에 정박하려 했을 때 해안에 좌초되어 침수된 부사선을 수리한 경우였는데, 일본인들의 선박 수리 능력 미비 때문에 수리하는 데 23일간이나 걸렸다.

선상 생활은 유쾌하지 않는 경우가 많았으며, 주요 요인은 뱃멀미, 추위나 더위, 심리상태, 사건사고 등이었다. 통신사 일행이 뱃멀미를 했다는 기록은 사행록에서 흔히 볼 수 있는데, 장소로는 대한해협의 동수도와 서수도에서 그리고 시기적으로는 2월과 4월에 뱃멀미로 고생한 경우가 상대적으로 많았다.

추위로 고생한 경우는 1763년 12월을 예로 들 수 있다. 아이노시마에서 선상의 동이에 있는 물이 얼 정도로 추워지자, 통신사가 일행들에게 첩자帖子, 상·하의, 무명과 솜, 버선 등을 주었다. 무더위와 습기로 고생한 경우는 자주 나타난다. 1748년 4월 가마가리蒲刈 앞바다를 항해할 때 비가 와 차일 즉 봉자篷子를 덮으니 배 안이 매우 더웠다. 1636년 10월 쓰시마 와니우라에 정박했을 때 밤새 비가 오고 오랜 선상 생활 때문에 "바다 공기가 사람을 덮치고 판자방의 크기는 겨우 들어앉을 만하여 문을 닫고 누울 때마다 함函 속에 든 듯하다. 아침에 일어나면 정신이 어지럽고 온 몸이 마비되어 스스로 분간해보면 필경 죽을 것 같다. 게다가 배에서 악취는 날로 더욱 심해져서 사람으로 하여금 속이 나빠 견디어내지 못하게 한다." 1763년 6월 가자모토우라에 정박 중 비가 왔을 때에도 "오랫동안 배 안에 갇혀 있어 배 냄새를 맡기가 거북하고, 사면이 물이어서 습기가 더욱 심하였다."

장기간의 해상사행은 통신사 일행을 조바심이 나거나 짜증나게 만들었다. 1655년 12월 무로쓰에서 역풍으로 출항하지 못하게 되자 "지체되고 기다리는 괴로움을 이기지 못하여" 기풍제祈風祭를 지내게 했으며, 1763년 5월 시모노세키 인근에서 바람 때문에 출항하지 못하자 종사관은 "실로 답답하다"는 심경을 토로했다. 삼사는 일행의 마음을 위로하는 데 신경을 쓸수밖에 없었다. 1748년 2월 와니우라에서 정박하던 중 부사선의 화재 발생으로 선박의 전소와 사상자가 발생했을 때 부상을 당했다가 살아난 부사선의 하인들에게 "물고기와 술을 주고, 풍악을 울려 위로했다." 또한 1624년 11월 오사카에서 통신사선에 남은 일행에게 주식과 부식을 주어 "뒤처져 있게 된 그들의 마음을 위로해 주었다."

그러나 선상 생활에서 가장 견디기 어려운 것 중 하나는 동료들의 모함이나 의심이었다. 이 점을 가장 잘 보여주는 사례는 역관이었던 홍우재가 자신의 사행록에서 기록한 1636년 7

월 24일의 상황이다. "우리 동료들 중에 내가 잠매潜賣하려 하는 꾀라고 말하는 사람까지 있으므로 듣고 귀를 가리고 싶었다. … 마음과 간장이 찢어지는 것 같아, … 여정의 반도 미처 오지 못하여 고생을 겪는 것이 이와 같으니, 장차 돌아가는 길에는 머리가 희고 셀 것을 각오해야 하겠다." 역관은 직무 특성상 일본인과 조선인 사이에서 이익을 취한다는 의심을 자주 살 수밖에 없었다.

2. 점검과 사건

조선이 제공하는 예단과 일본이 제공하는 회답예단이 사전에 정해져 있었기 때문에, 예단의 안전한 수송과 전달은 통신사의 중요한 임무 중 하나였다. 또한 통신사 일행에 포함된 사람들 중에는 잠상潜商이나 밀거래를 통해 한몫 잡으려는 사람도 있었다. 따라서 통신사들은 부산에서 출항하기 전부터 사행 도중까지 계속 선적 화물을 점검해야 했다.

선적 화물과 관련하여 점검과 사건사고는 사행록에 많이 나타나는 내용 중 하나인데, 18세기가 17세기보다 3배나 많이 나타나며, 가장 많이 나타나는 장소는 이즈하라와 오사카였다. 사행이 거듭될수록 경험이 구전되어 문제가 더 많이 발생하였고, 또한 이즈하라가 일본 입국지이고 오사카가 일본 선박으로 환승하는 곳이었기 때문이었다. 주요 내용은 복물 점검, 점호,

왜인과의 다툼, 출항 금지, 선박 화재, 군물의 선적 등이었다.

통신사의 공식적인 화물이든 개인 휴대품이건 간에 선적 화물을 검사하는 이유는 적발보다 예방에 더 중점을 두기 위한 것이었다. 검사를 한 사람은 주로 종사관이었다. 적발된 자의 신분은 화원, 차통사, 의관, 역관, 압물통사, 노자, 소동 등이었는데, 각종 직책을 가진 역관이 대부분이며, 화원도 간혹 있었다. 그들은 치죄와 형벌을 당하거나 태형을 당했으며, 불문에 부쳐진 경우도 있었다. 그러나 조정의 형벌이 두려워 자살하는 사람도 있었다. 약상자, 옷장, 개인 봇짐 등에서 찾아낸 금령 위반 물품은 인삼, 금, 은, 사기沙器, 비단 등이었다. 소유자가 나타나지 않아 물품만 처리한 경우도 있었다. 적발된 물품은 사기의 경우는 현장에서 깨트려버렸으며, 몰수하여 공용으로 사용하거나 소각했다. 소유자가 나타나지 않는 물품을 바다에 버린 적도 있었다.

점호는 종사관이 군관과 역관의 노자奴子를 점고하는 것, 군관이 격군을 점열하는 것, 선소船所에서 격군을 점호하는 것, 죄를 지은 상통사를 부르는 것 등의 행위였다. 격군 중에서 장부에 기록되어 있는 사람을 대신하여 가는 사람 4명을 곤장 60대씩 치고 또한 노자가 나타나지 않아 그를 거느리는 상통사에게 곤장 20대를 친 경우가 있었다.

통신사 일행이 수개월에 걸쳐 해상 사행을 하기 때문에 통신사선단에서 크고 작은 사건들이 발생하는 것은 당연한 현상이었다. 왜냐하면 기간이 길었던 것은 물론 근 500여 명의 대규모 인원이 통신사 일행으로 구성되어 있었으며 또한 조선이 아닌 일본의 영해와 영토에서 끊임없이 일본인들과 접촉해야 했기 때문이다.

왜인과의 다툼을 보면 하층민과의 다툼이 대부분이었다. 격군이 쓰시마인들과 다투었고, 반인伴人이 왜인과 부딪혔으며, 노자들이 금령을 위반하고 출입하다가 왜인과 다투었다. 그밖에도 격졸과 사졸들이 수직왜受職倭와 다툰 일도 있었는데, 이때 수직왜가 칼을 빼 들고 싸웠다. 이 다툼에 연루된 사람들은 대체로 곤장을 맞았으며, 수직왜는 칼을 빼들어 휘둘렀다는 죄로 참수 당했다.

통신사선단이 출항하려 할 때 일본인이 이를 막은 1637년 2월 3일 효고의 포구에서 1선과 2선이 순풍이라 출항하다가 일본인이 출항할 수 없다고 말하자 출항을 중지해버렸다. 이에 대한 죄를 물어 1선 선장에게 곤장 20대를 쳤다. 1655년 7월 15일에는 쓰시마의 후추(현 이즈하라)에서 출항하려 했을 때, 호행왜가 배 안으로 뛰어올라와 격군들을 구타하면서 출항하지 못하게 했다. 1682년 7월 15일에는 출항 여부를 놓고 일본인들과 실랑이를 하다가 통신사선단이 출항하려하자, 3선에 승선중이던 금도왜가 닻줄을 잡고 늘어지면서 격군들과 다투었다.

출입을 단속하는 경우도 있었다. 1636년 10월 12일 후추에서 정박하고 있었을 때 기선 3척에 군관 1명씩 배치하여 영기를 보유한 탑승자들만 출입하게 하고, 또한 사령들에게는 통신사가 머무는 관소를 수직하게 했다. 1682년 7월 27일에는 오사카에서 일본인들의 통신사선 출입을 단속했는데, 이때 지패祗牌에 인원수를 적고 금도왜가 인술하는 경우만 출입할 수 있게 했다. 1748년 4월 5일 하에도마리에 정박하고 있었을 때에는 3복선에 승선한 금도왜가 통신사 일행들이 통신사에게 문안하려고 출입하는 것을 방해하고, 연락용 작은 배들도 오지 못하게 했다. 이 금도왜는 곧 교체되었다.

선박 화재는 1748년에 3회 발생했다. 2월 21일 밤에 와니우라에 정박해있던 부사선에서 화재가 발생했다. 이 화재로 부사선이 선적해놓은 예단과 잡물을 포함하여 거의 모두 전소되었으며, 3명이 불에 타 사망하고 다수가 부상을 당했다. 그러나 화재의 원인은 기록되어 있지 않아 알 수 없다. 같은 해 4월 27일에는 요도가와 하구에 정박해있던 정사선에서 화포수火砲手가 화약을 찧어 말리다가 잘못하여 화기에 닿아 방에 불이 났다. 다행히 일본의 소방수인 금화군禁火軍이 민첩하게 활동하여 불이 확산되기 전에 끄는데 성공했다. 역시 같은 해 7월 13일에는 가미노세키에 정박했었는데, 그 때 부사선의 주방에서 숯불이 다 꺼지지 않아 선체 벽까지 번져 큰 불이 될 뻔 했다. 다행히 탑승하고 있던 사람들이 잠들기 전이라 합심하여 신속하게 불을 끌 수 있었다.

유황과 군물의 선적 문제는 1656년 쓰시마의 후추에서 발생하였다. 1월 17일 쓰시마인들이 유황을 복선에 싣고 가다가 도중에 거래할 수 있도록 해달라고 하자 통신사는 불허했다. 그러자 일본인들은 이미 약속한 사실이라며 허락하지 않으면 자결하겠다고 협박했다. 18일에도 이 문제를 허락해달라고 요구했지만, 이미 복선에 선적해놓은 유황을 모두 하역해버렸다. 20일에도 쓰시마인들이 통신사선에 와서 이 문제를 협박을 섞어가면서 요구했으나, 통신사는 끝까지 허락하지 않았다.

그밖에도 여러 유형의 사건사고가 발생했다. 1637년 통신사 선단을 안내하던 쓰시마 도주의 선단에서 양식이 다 떨어져 며칠을 굶자 일본의 격군 10명이 도망을 갔다. 쌀을 가지러 갔던 화물선도 침몰하여 28명이 사망하고 3명만 구조되었다. 1624년 10월 20일 이즈하라에서 부사의 군관 2명이 밤에 싸워 곤장을 맞았다. 1636년에는 9월 18일 상사가 승선하는데 군관이 선실에서 내려오지 않아 무례한 행동에 대해 죄를 물어 곤장 30대를 맞았다. 같은 해 11월 2일에는 부사가 화원에게 밀매 활동을 한 것에 대해 일본인들에게 묻자 대답하지 않았다. 같은 달 18일 실시한 선내 검색 때 그가 숨겨둔 인삼 상자가 발견되었다. 1655년 12월 23일에는 시모쓰에서 새벽에 돛 작업을 하면서 자칫 돛을 떨어뜨릴 뻔 하여 선장과 사공에게 곤장을 때렸다. 1656년 1월 16일에는 무로쓰에서 중방中房이 역원들에게 협잡질을 많이 하여 곤장 20대를 맞고 하관下官으로 강등되었다. 같은 날 역관 1명이 격군들에게 쌀 20석을 빌려준 후 이자를 배로 갚으라고 한 사실이 알려져 문초당한 후 곤장 40대를 맞았다. 1682년 7월 21일 통신사선단이 우시마도牛窓 인근 해역을 항해할 때 뱃길을 잘못 들어 수심이 얕아 기동하기가 어렵게 되었다. 그러자 다른 배들이 정사선을 본의 아니게 추월해버렸다. 정사는 사공과 선장에게 곤장을 10대씩 쳤다. 같은 해 7월 11일 시모노세키에서는 사령 3명이 길에 있던 떡을 주워 목함에 담아 배로 오다가 노상에서 적발되어 곤장 30대씩 맞았다. 1711년 7월 16일에는 통신사선이 위급할 때 구조하러 오지 않고 그냥 가버린 복선의 선장과 사공에게 곤장을 10대씩 쳤다. 1719년 12월 28일에는 인삼 12근, 은 2,150냥, 황금 24냥을 몰래 가져왔다가 선내 수색으로 적발된 압물통사押物通事가 참수당하는 것을 두려워하여 옥중에서 독약을 먹고 자살하였다. 마지막으로 1764년 4월 7일 도훈도였던 최천종崔天宗이 밤에 선상에서 자다가 쓰시마의 통역 스즈키 덴죠鈴木伝藏에게 칼로 찔려 피살당했다. 통신사의 파견 이래 최초이자 유일한 피살 사건이었으며, 이 사건은 통신사 일행이 근 1개월 이상 오사카에서 출발하지 못하게 할 만큼 중요한 사건이었다. 일본 측에서는 막부가 공식적으로 초청한 외교사절단이 자국민에게 자국에서 피살된 사건이기 때문에 사실을 밝히고 범인을 처형해야 체면이 서는 사건이었다. 사건이 발생하자마자 쓰시마인들의 미봉책 건의에도 불구하고 막부가 신속하게 일을 처리한 것은 바로 이 때문이었다.

3. 환자와 병사

선상 생활은 정상적인 사람도 힘들게 한다. 힘든 정도는 항해 기간이 길면 길수록 더 커진다. 특히 외국 해역을 항해할 때면 언어, 문화, 음식, 언어 등이 다르다는 점과 고국이나 고향에 대한 향수가 더해져 육체적 그리고 정신적 고통은 더 커진다. 또한 선생 생활의 여건이 이처럼 좋지 않기 때문에 탑승자들 사이에서 환자가 발생하기 쉽다. 전염병이 한 번 발생하면 선박이라는 환경 때문에 다른 사람에게 쉽게 전염된다. 게다가 환자들이 지상에서처럼 편한 여건에서 좋은 치료를 받지 못하기 때문에 병사하는 경우도 나타나기 마련이다.

환자나 병사자의 신분을 보면 귀천과 무관하게 다양한 신분이 나타난다. 선장, 복선장, 사공, 도척, 격군 등의 선박 승조원이 가장 많았다. 다음으로는 정사, 부사, 종사관으로 구성되는 삼사가 많았다. 그 다음으로는 군관, 군관겸 선전관, 별파진, 사령, 도훈도 등 중간 계층의 무관이나 사령의 신분이 많았다.

상상관, 독축관, 소통사, 수역, 역관으로 이루어지는 문관과 역관의 신분은 그 다음으로 많았다. 포수, 나팔수, 악공으로 이루어지는 전문 장인계층과 그리고 노자奴子와 관노官奴 같은 최하층민의 경우는 상대적으로 적었다. 환자는 신분 고하를 가리지 않고 발생했다. 단일 신분으로는 격군과 사공의 경우가 가장 많았는데, 통신사 일행 중 격군의 수가 가장 많았기 때문이었겠지만, 선원들의 생활조건이 가장 열악한 데에도 원인이 있었을 것이다.

증세나 병명으로 분류하면, 총 19가지였다. 그중에서 병명을 밝히지 않은 채 와병중이라고 기록된 경우가 제일 많았다. 다음으로 병사한 경우가 많았다. 전염병에 걸린 경우도 비교적 많았다. 밝혀진 병명은 토사곽란, 이질, 설사, 부스럼, 발광, 학질, 마마, 독감, 냉통, 종기, 역병, 습병, 질식, 내상 등이었으며, 돌연사하는 경우도 있었다. 그러나 대부분의 사행록 편찬자는 고위층의 문관들이었다. 그들은 한 배에 탔더라도 하층민들의 생활과 고통을 몰랐기 때문에, 실제로는 환자가 더 많았던 것 같다. 그 예로 1617년 10월 선단이 귀국 중 이즈하라에서 정박했을 때 부사선 격군 1명이 병으로 사망하여 염하고 입관하여 복선에 실은 사건을 들 수 있는데, 종사관은 다음과 같이 기록했다. "바야흐로 한더위를 당하여 바다를 건너는 원역들 중에 병을 앓는 사람이 그 몇인지도 모를 정도였으나, 간신히 치료하여 사망한 사람이 없으므로 일행이 다행한 일로 여겼는데, 제포 사람이 미처 바다를 건너지 못하고 죽으니, 놀랍고 한탄스러움을 견딜 수 없다."

1643년의 통신사선단에서는 전염병이 계속 발생했다. 4월 27일 부산포를 출항한지 보름 후인 5월 13일 이즈하라에 정박 중일 때, 종사관선의 격군 4명이 전염병에 걸려 육지에 격리했다. 일주일 후인 5월 13일 시모노세키에 정박 중일 때 사공 2명이 다시 전염병에 걸려 이즈하라로 후송했다. 그로부터 10일 후인 6월 1일 무로쓰에 정박 중일 때 사공 1명이, 이틀 후인 6월 3일에는 무로쓰에서 포수 1명이, 일주일 후인 6월 9일 오사카에 정박 중일 때 사공 2명이 전염병에 걸려 전염병 환자들을 별선에 태워 육지의 막사에 격리했다. 6월 19일부터 시작한 육상 사행 도중에도 전염병 환자가 계속 발생하여 9명이나 오사카의 병막으로 이송했다. 이때까지 전염병에 걸린 사람은 19명이었는데, 그중에서 4명의 사공이 병사했다. 사망자들의 시신은 왜의 비선(倭飛船)에 실어 가족에게 보냈으며, 조정은 휼전과 장례용 물건을 지급하여 각 지방관들로 하여금 후하게 매장하게 했다.

9 해양 사고

1. 해양 사고의 발생

해상에서 사고가 발생하는 것은 흔히 해상조난사고海上遭難事故라고 불려왔지만, 오늘날에는 해양 사고로 통칭되고 있다. 해양 사고는 "수상구조법 제2조에 따라 해상에서 선박·항공기 및 수상레저기구 등의 침몰·좌초·전복·충돌·화재·기관고장·추락 등으로 인하여 사람의 생명·신체 및 선박·항공기·수상레저기구 등의 안전이 위험에 처한 상태를 말함"이라고 정의된다. 여기에서는 선박이 침몰, 좌초, 전복, 충돌, 고장 등으로 임명, 신체, 선박의 안전이 위험해지는 것을 뜻하는 협의의 의미로 해양 사고를 정의한다.

해양사고는 사행 때마다 1~9회가 발생했지만, 평균 4.7회 발생했다. 17세기와 18세기에 작은 차이는 있지만 대체로 비슷하게 발생했으며, 사행별로 보면 1655년과 1763~4년의 사행 때 각 9회로 가장 많이 발생했다. 해양사고가 발생한 지역은 총

51곳이었는데, 대한해협 동수로와 세토나이카이에서 많이 발생했고, 단일 지역으로는 이즈하라와 아이노시마 및 부산포였다.

해상 사고의 유형은 선박 운항, 선박 상태, 선체 절단, 인명과 같이 4가지였다. 사고가 가장 많이 발생한 유형은 외부의 물리적 충격으로 발생하는 선박 상태나 선체 절단과 관련된 것들이었다. 인명과 관련된 사고 현상도 비교적 많이 나타나지만, 대부분 배의 심한 요동에 의한 뱃멀미로 시달렸다는 내용이었으며, 사망에 이른 사고도 두 번이나 발생했다. 그밖에도 선박의 심한 요동으로 조종 곤란, 선박의 침수, 전복 위기의 모면, 선박 조종장치인 치의 절단, 선박의 기울기에 의한 위험 초래 등의 사고가 발생했다.

항해할 때 가장 위험한 사고는 선박을 정상적인 상태로 유지하는 것이 불가능하여 승선자들이 생명을 위협받을 때이다. 이와 관련한 사고 항목 중에서는 침수와 전복 위기 외에도 암초나 얕은 수심에 따른 좌초, 선박끼리의 충돌, 선체의 파손이나 일부 절단이 가장 많았다. 항해 중 심각한 위험을 초래하는 선체의 파손이나 절단에서는 치가 손상된 경우가 거의 절반을 차지했다. 이처럼 유독 치와 관련된 사고가 많이 발생한 이유는 높은 건현 때문에 치목이 길어질 수밖에 없다는 통신사선의 구조적 취약점 때문이었다.

한편, 1655년과 1748년에 발생한 선박 화재 사건은 통신사선이 목재로 만든 목선이었기 때문에 발생했다. 두 사고 모두 정박 중에 발생했으며, 특히 1748년에 발생한 화재는 부사선을 모두 불태워버리고 사망자도 2명이나 발생한 심각한 대형 사고였으며, 일본 선박으로 대체할 수밖에 없었다.

해양 사고가 발생한 원인은 역풍逆風, 강풍强風, 횡풍橫風, 풍우風雨, 풍랑風浪, 폭우暴雨, 높은 파도波濤, 와류渦流, 먹구름黑雲, 천둥번개, 지나치게 가까운 접근으로 총 11가지였다. 이중에서 가장 많이 나타나는 것은 높은 파도였으며. 다음으로는 강풍이었다. 그런데 역풍, 강풍, 횡풍, 풍우, 풍랑, 이 5가지는 모두 바람으로 통칭할 수 있는 요소들이다. 해상 조난 사고의 발생 원인으로 바람이 가장 중요한 원인이었다. 이어서 풍랑과 높은 파도가 중요한 원인이었다. 대부분의 해양 사고가 바람과 파도 때문에 발생했던 것이다.

해양 사고에 대한 통신사 일행의 조치나 대응 활동은 사례마다 달라 일률적으로 말할 수 없지만, 그중 대표적인 것들을 뱃멀미, 충돌, 좌초와 침수, 절단, 왜선 사고의 5가지 유형으로 나누어 살펴 볼 수 있다.

뱃멀미의 경우에 취한 조치는 3가지였다. 하나는 위력 있는 신령威靈, 바다의 신水神, 바람을 주관하는 신風伯의 도움을 받아 저절로 그쳤다는 것이다. 다른 하나는 참고 있으니까 저절로 그쳤다는 것이다. 마지막 하나는 정사가 자신의 적삼을 벗어

물에 던지면 된다는 것이었는데, 사공이 그렇게 하라고 건의했으나 정사는 거부했다. 따라서 뱃멀미에 대한 조치는 인위적으로 조치를 취한 것이 없고 자연적으로 그쳤다고 할 수 있을 것 같다.

선박 충돌의 경우에도 2가지 행동을 했다. 첫째는 정박하고 있던 사신선들끼리 충돌했으나, 바람이 잠잠해져 피해가 적었다는 것이다. 다른 하나는 일본 구조선이 빠른 조수 때문에 제어 불능 상태가 되어버린 사신선을 구조하기 위해 접근하다가 사신선과 충돌하여 파괴된 경우인데, 이 경우에 약간 파괴되었지만 큰 피해가 아니라 별다른 조치를 취하지 않았다는 것이다.

좌초坐礁와 침수沈水는 썰물이나 여울에 의해 좌초되거나 배가 기울어졌을 때 침수된 경우를 말한다. 침수의 경우에는 옷가지로 긴급 방수조치를 했으나 침수가 계속되어 분주하게 물을 퍼냈으며, 잡물을 하역하고 동시에 밤새 물을 퍼내기도 했다. 아니면 비가 그쳐 침수가 멈춘 때도 있었다. 좌초의 경우에는 승선자들을 다른 배에 옮겨 타게 하고 먼 곳에 쇠닻을 심은 후 여러 척의 왜선이 끌게 하거나 그냥 스치고 지나갔다. 닻을 심는 행동은 오늘날에도 간혹 실행되고 있다. 예를 들면, 상륙함이나 선저가 평평한 페리호가 해안에 잘못 접안接岸하면 썰물일 때 갯벌이나 모래밭에 닻을 들고 가 심었다가 밀물일 때

기관으로 배를 후진하게 하여 바다에 띄우고 있는 것이다.

이어서 사신선과 왜선의 접촉으로 발생한 해상 조난 사고를 살펴보려 한다. 소형 왜선과 사신선의 접촉으로 발생한 사고는 모두 4건이었는데, 1척은 완전히 전복되었으며, 3건은 전복당할 위기에서 간신히 벗어났다. 전복한 경우에는 인명 구조 활동을 하여 왜선의 승선자를 모두 구조하는데 성공했다. 다른 3건은 모두 사신선의 격군들이 노력한 덕분에 전복을 모면할 수 있었다. 첫번째 경우에는 격군이 노구멍에 지팡이를 넣어 소형 왜선을 밀어냈다. 두 번째는 격군이 사신선의 난간을 타고 내려가 왜선을 발로 밀어냈다. 세 번째는 사신선의 돛을 급히 내려 속력을 늦춤으로써 전복하지 않게 만들었는데, 이 때 왜선은 사신선의 빠른 속력에 휩쓸려 사신선의 밑으로 빨려 들어가고 있었다.

마지막으로 절단의 사건이 있었는데, 크게 보아 치목이 부러진 경우와 밧줄이나 돛줄 혹은 예인용 밧줄이 끊어진 경우를 말한다. 치목이 절단된 경우에는 급히 제문祭文을 지어 해신海神에게 빌었으나 효과가 없었다. 침수가 시작되자 화물을 바다에 버리고, 물을 부지런히 퍼냈으며, 속력을 줄이기 위해 돛을 내리고 돛대를 눕혔다. 앞서 말한 것처럼 정사에게 적삼을 벗어 바다에 던지라고 말하기까지 했다. 정신을 차린 비장 한 명이 치목이 밧줄을 누르고 있는 것을 파악하고 떡메로 난간과 줄을 매는 나무덩어리를 부서 바로잡았던 때도 있었다. 뿐만 아니라 끝까지 격군에게 열심히 노를 젓도록 독려하여 위기를 모면한 경우도 있었다. 다음으로 줄이 끊어진 경우를 살펴보자. 정박 때 사신선들을 묶어둔 20여 가닥의 밧줄이 끊어지고 선미의 닻줄도 끊어지자 용감한 군관 한 명이 선창의 험한 파도에 뛰어들어 끊어져 물속에 떠다니던 밧줄 끝을 잡고 해안으로 헤엄쳐 가 다른 줄과 연결하여 해안에서 잡아당길 수 있게 했다. 정박 때 밧줄이 끊어져 포구 중앙으로 표류하고 있었을 때 여러 척의 소형 왜선들이 줄을 매어 해안으로 끌어당긴 경우도 있었다. 야간항해 중 예인색이 끊어졌을 때에는 화전, 등불, 포로 구조 신호를 보냈으나, 효과가 없어 소형 왜선을 포구로 보내 긴급구조를 요청했다. 그 결과 여러 척의 왜선이 나와 포구로 예인해 갔다.

항해 때 발생한 선체 파손은 통신사선단의 대표적인 해양 사고 중 하나였으며, 그 파장도 컸기 때문에 더 자세히 살펴볼 필요가 있다. 항해 때 파손된 선체 부위는 치목, 돛대, 닻줄, 현측이나 선저, 선미와 삼판 순으로 많이 나타난다. 돛대가 부러지고, 닻줄과 닻이 끊어지고, 선미가 파손되는 것은 주로 해상상태가 좋지 않은 악천후 때 발생하는 사고들이다. 다시 말하면, 파도가 크고, 강풍이 불고, 폭풍우가 몰아칠 때 그러한 사고들이 발생할 가능성이 높다. 치목이 부러지는 사고나 현측 외판의 틈이 벌어져 침수가 되는 사고도 물론 해상상태가 좋지 않을 때 발생할 수 있지만, 암초가 많거나 해저가 불규칙하거나 바위투성이일 때에도 선저에서 많이 발생하는 사고이다. 따라서 치목 절단과 침수는 파도가 크고 풍랑이 강할 때 발생했지만, 낯선 항·포구에서 입항하거나 출항할 때에도 많이 발생했다.

통신사선에 탄 사람들은 해상 조난 사고가 발생한 이유를 무엇이라고 생각했을까? 1655년 통신사 일행에 종사관으로 참여한 남용익南龍翼은 해상 사행 기간 동안 세 번이나 치가 부러져 죽을 뻔한 위험에 놓인 이유로 3가지를 들었다. 첫째는 바람을 잘못 보고 급히 배를 띄웠기 때문이었다. 둘째는 선체의 목판이 작고 얇으며, 가볍고 빠르긴 하지만 풍랑을 견디지 못했기 때문이었다. 셋째는 사공들이 익숙하지 못한 사람들이라 치를 가로로 조종하여 성난 파도를 거슬렀기 때문이었다. 또한 1763년 사행의 기록에 따르면, 선체, 상장上粧, 닻을 조선기술자인 선장船匠이 만들고, 노와 돛대의 부수적인 물건들은 각 수군 진영에서 차출했다. 그렇기 때문에 "배와 노가 서로 맞지 아니하여 바람과 파도를 만나면 낭패할 것이 우려되었다."

통신사선의 치는 어선의 것과 달랐다. 치의 정확한 설치 방법이 밝혀지지 않아 안타깝지만, 「각선도본各船圖本」을 볼 때 통신사선의 치는 선미 부분의 선형과 삼각형을 이루는 모양으로 대칭되게 걸쳐져 있었던 것으로 보인다. 치의 일부분이 선체 내부에 고정되도록 설치되었다면, 사행록에 나타나는 해상에서 치를 갈아 끼우는 행동은 불가능했었을 것이다. 이러한 치의 설치 방법은 암초에 살짝 부딪히거나 그리 크거나 거세지 않은 풍랑에도 치가 쉽게 파손되거나 유실될 수 있었다는 것을 의미한다.

1711년의 해상 조난 사고는 조정에서도 비중 있게 다루어졌다. 비변사備邊司는 경상좌수사 심주沈澍의 장계를 받고 왕에게 보고했다. "통신부사가 탄 배 한 척이 바다를 떠나 수십 리 거리에서 미목尾木이 풍랑에 부러져 바다를 건너지 못하고 도로 돌아왔다고 했습니다."

항해 도중에 치목이 부러지는 사건은 1763년에도 발생했다. 10월 6일 쓰시마의 좌수포佐須浦에서 "2백리 가량 가서 치목에 붙은 분판이 바닷물 속으로 떨어져 버렸다. 우리나라 사공이 고쳐 꽂으려 하자 일본 사공이 매우 어렵게 여기므로, 곧 노목櫓木을 치목의 원기둥 좌우에 대어 묶어 겨우 지탱하였으나, 이 때문에 배를 마음대로 운전할 수 없고 속도 또한 빠르지 못하였다." 그로부터 2개월 후에 정사였던 조엄趙曮은 항해 도중 발생한 해상 조난 사고에 대해 말하면서 치목의 중요성을 강조하였다. "치목으로 말하자면, 배에서 가장 긴요한 물건인데, 흔히 횡절橫截의 재목으로 구차스럽게 수만 채워 바다를 건넌 뒤 치

목이 세 번 부러지고, 분판分板이 두 번 벌어졌으므로 … " 조엄
은 1763년의 사행을 마치고 귀국한 후 다음과 같이 회상하였
다. "가장 위험한 때는 좌수포佐須浦를 건널 때 치목분판鴟木分板
이 떨어질 때와 새벽에 적간관赤間關을 떠난 후 배가 두 번씩이
나 급한 여울에 휘말렸을 때였다. 그러나 보다 더 위급했던 적
은 일기도를 건널 때 치목이 부러지고 파도가 극히 맹렬하여 십
분 위험한 지경에 이르렀던 적이다." 이러한 인용문들은 당시
조난 상황이 얼마나 긴박하고 위험했는지 알 수 있게 해준다.

2. 해양 사고의 사례

통신사선단에서 발생한 해양 사고 중 대표적인 사례를 자세
하게 살펴보면 통신사 일행이 해양 사고 때문에 겪었던 실상을
느낄 수 있다. 대표적인 사례는 크게 회항回航, 선상 화재船上火災,
정박 중 해양 사고, 항해 중 해양 사고로 4가지 유형으로 나눌
수 있다.

먼저 회항한 경우부터 살펴보겠다. 1624년 9월 28일 통신사
선단은 부산포에서 초량항草梁項으로 이동하여 선상에서 유숙
한 후, 다음날인 10월 1일 일출 후 출항했다. 태종대太宗臺를 통
과하고 수십 리를 항해해 가니 바람이 동풍으로 변하면서 파
도가 높아졌다. 모든 선박이 좌우로 흔들리고 파도에 묻혔다가
나오기를 반복하였다. 거의 모든 일행이 구토하고 인사불성이

되었다. 그러자 왜선들이 먼저 배를 돌렸으며, 통신사선들도 뒤따라 배를 돌려 부산포로 돌아왔다.

1643년에는 4월 15일 묘시(5~7시)에 출항하여 100리 정도 항해하자 "모진 바람이 크게 일고 놀란 물결이 하늘에 닿았다." 정사선의 치목鴟木이 부러지고 선체 외판에 해당하는 삼판杉板이 부러져 바닷물이 선체 안으로 쏟아져 들어왔다. 모두 어쩔 줄을 몰라 했고, 토하고 설사를 했으며, 어지러워 쓰러지지 않는 사람이 없었다. 통신사선은 돛을 간신히 내리고 노를 저어 포시哺時 즉 오후 4시경에 초량으로 돌아왔다. 5선과 6선도 역시 치목 2개가 모두 부러져 교판橋板을 임시로 꽂아 간신히 돌아올 수 있었다. 예물을 포함하여 선적한 화물은 거의 모두 침수로 물에 흠뻑 젖어버렸다.

1711년 7월 5일에는 순풍을 받고 출항했으나, 절영도를 지나 30리가량 가니 부사선의 치목鴟木 즉 타舵 기둥이 부러졌다. 가져간 예비목으로 대처하려 했으나, 예비목이 다듬어지지 않은 채 있었다. 파도가 험악해 탑승원들이 모두 넘어져 움직이기 어려웠고, 근근이 버티는 선원은 10여 명에 불과했다. 그나마 험한 파도가 치는데 물속에 뛰어들 사람도 없어 타 기둥을 교체하지 못했다. 모두가 그저 하늘만 바라볼 수밖에 없었다. 돌아가려 해도 타가 없어 원하는 침로를 바꿀 수 없었다. 일본의 소형 선박인 비선飛船이 도우려했지만, 역풍이 이를 방해하여 도울 수 없었다. 사태가 급박하자, 군관이 부사에게 일본의 비선에 옮겨 타라고 권유했으나, 부사는 이를 받아들이지 않고 노질을 격려하여 절영도 남쪽 해역을 통해 왜관으로 회항했다가 개운진開雲鎭에 정박하였다.

다음으로는 선내에서 발생한 화재 사고를 설명하려 한다. 선상 화재가 가장 많이 발생한 때는 1748년에 파견된 통신사선단이었다. 화재가 이 선단에서 2월 23일, 4월 27일, 7월 13일 세 차례 발생했던 것이다. 1748년의 통신사 선단이 역풍이 불어 출항하지 못하고 쓰시마의 와니우라鰐浦에 정박하고 있었던 2월 21일자 사행록에는 다음과 같이 기록되어 있다.

> 밤은 깊었으나 아직 잠들기 전에 … (중략) … 문득 떠드는 소리가 배를 대어 둔 근처에서 들려오는데, 그 소리가 마치 까마귀·참새가 지저귀는 듯하다. 마을 안의 왜인의 무리도 서로 외치어 일어나나 아무도 그 까닭을 모르므로, 놀라움을 견디지 못하여 바삐 하인을 시켜서 나가 보게 하였더니, 부사 기선副使騎船에 불이 났다고 보고한다. 놀래어 허둥지둥 어쩔 줄을 모르며 곧 선창船艙 위로 나가 보니 부방 군관副房軍官 이일제李逸濟가 겨우 불꽃 속에서 왜선倭船으로 뛰어내려 뭍으로 올라 들어왔으나, 위아래가 벌거숭이로 헐떡이며 산 사람의 얼굴색이 없이 다만 한 손으로 제

상투를 쥐고 오는데, 죽었다가 살아난 사람을 만난 듯이 보였다. 곧 정방正房·부방副房에 알려서 나오게 하였으나, 배 안의 불은 이미 구제할 수 없었다. 기계器械·집물什物은 어느 것이나 다 불길을 돕는 물건이어서 맹렬한 불꽃이 공중으로 오르니, 사람이 가까이 갈 수 없었다. 우리나라 사람들은 허둥지둥 분주하되 감히 한 힘도 다하지 못하고서 왔다갔다 하는데, 한 줌의 물로 수레에 가득한 땔나무에 붙은 불을 끄려는 자는 그래도 오직 호행하는 왜인들이었다. 문득 한 왜인이 앞으로 달려와서 뛰고 외치며 불타는 곳을 가리키는 것이 급한 일을 알리려는 꼴이었으나, 곁에 통사通事가 없어서 오랑캐의 말을 알 수가 없으니, 응대할 방법도 없었다. 배에 있던 사람들 중에서 살아서 언덕 끝에 나온 자는 다 벌거숭이인데, 몹시 데어서 죽어 가는 자도 있고, 고통에 신음하는 자도 있고, 가슴을 치며 통곡하는 자도 있으니, 광경이 아주 슬퍼서 차마 볼 수가 없이 참혹하였다. 배에 들어가 자고 있던 비장裨將·원역員役들이 물에 몸을 던지기도 하고, 곁의 배에 뛰어내리기도 하고, 밧줄을 따라 내려와서, 죽을 지경에서 살아나느라고 뼈가 부러지고 살갗을 다쳤는데 배 안에 있던 모든 사람을 점검하여 차례로 호명呼名하니, 좌수영左水營의 사령使令 1인과 창원昌原의 악공樂工 1인이 그 안에서 타 죽었다. 만릿길을 함께 오다가 겨우 바다 하나를 건넜을 뿐인데 이런 참혹한 지경을 당하였으니, 다시 더 무슨 정신이 있으랴! 부사 일행의 상하 관원의 행탁行橐이 남김 없는 것은 워낙 말할 것도 없으나, 예단삼禮單蔘(예물 단자에 적혀 있는 인삼)과 나누어 실었던 그 밖의 물건들을 하나도 건지지 못하였으니, 사명을 변변히 받들지 못하고서 이런 전에 없던 재난을 만나서 만리 밖에서 대죄待罪하니, 곧 죽고만 싶었다.[8]

탑승 중이던 사람들은 어찌할 줄 몰라 우왕좌왕하면서 발만 동동 구르고 있었다. 그러는 사이 부사선은 완전히 불에 타버렸다. 봄철의 목선木船은 바짝 말라 관솔이나 다름없어 한 번 불이 붙으면 순식간에 선내 전체로 퍼지기 쉬웠다. 3명이 사망하였고, 10여명이 중상을 입었고, 인삼 72근과 목면 20필이 불에 타버렸다. 밤에 몇 사람이 선상에서 술을 마시면서 켜놓은 촛불이 화재 발생의 원인이었다. 그날 밤 정사의 복선을 부사의 기선으로 그리고 부사의 복선을 정사의 복선으로 정했다. 그리고 쓰시마에서 빌린 선박 가스카마루春日丸를 부사의 복선으로 정했다.

그로부터 2개월 후인 2월 27일 오사카에서 머무르고 있었을 때였다. 오사카의 하구에 정박하고 있었던 정사선에서 화포수

8) 조명채,「봉사일본시문견록」, 4월 4일,『해행총재』, X, pp. 30~31.

火砲手가 화약을 찧어 말렸는데, 잘못하여 화약이 화기에 닿아 불이 일어났다. 선내는 물론 관소에서 머무르고 있었던 통신사들도 놀래 뛰어나왔다. 일본의 소방수라 할 수 있는 금화군禁火軍들이 쇠붙이로 만든 금의金衣를 입고 쇠로 만든 투구라 할 수 있는 금주金胄를 쓰고서 즉시 달려왔다. 쓰시마 태주太主도 금화군 복장을 하고서 나왔으며, 달려온 금화군의 수가 천여 명이나 되었다. 그들은 긴 사다리를 세운 후 불이 난 선실의 지붕으로 앞을 다투어 올라가 도끼와 갈고리를 사용하여 지붕을 부순 후 물이 담긴 작은 통들을 계속해서 던졌다. 육상에서는 작은 통에 물을 담아 계속 배 위로 올려 보냈다. 그들의 신속하고 일사불란한 행동 덕에 불길이 다른 곳으로 번지기 전에 화재를 진압하는데 성공했다. 통신사가 보기에 왜인들의 이러한 행동은 오직 널빤지만 갖고 집을 지어 한번 불이 나면 진압하기 어렵고 또한 지나가던 사람도 앞 다투어 불을 꺼야 하는 법까지 있기 때문에 가능했다. 쓰시마의 재판이 수역을 통해 "난상爛傷"이라는 말을 사용하지 말아달라고 요구했다. 난상은 불에 데었다는 뜻이었다. 왜냐하면 이 용어가 에도江戸에까지 퍼지면 도주가 책벌責罰 즉 그 책임에 대한 벌을 받기 때문이었다.

같은 해 7월 13일 가미노세키上関에서 머무르고 있었을 때였다. 이때에는 부사선의 주방廚房에서 화재가 발생했다. 요리사들이 요리를 한 후 숯불을 완전히 끄지 않은 채 선실로 와버렸다. 불이 주방 벽에까지 붙어 자못 큰 피해를 입을 뻔했는데, 밤이 깊지 않아 탑승자들이 잠들지 않았기 때문에 재빨리 불을 끌 수 있었다. 부사선 옆에 매어둔 종사관에 타고 있던 종사관은 "이웃 배에 유숙하면서 한바탕 놀란 것은 크다."라고 기록하였다. 부사는 금화인禁火人들에게 죄를 물어 벌을 가했다. 3차례나 화재가 발생한 경우는 1748년의 통신사선단이 유일하였다.

정박 중 발생한 해양 사고에 대해서는 1719년의 사례를 들 수 있다.

새벽부터 비바람이 세차게 불더니, 늦게는 더욱 맹렬하였다. 항구 안에 있는 우리 배들이 물이 얕고 넓기 때문에 아예 언덕에 가까이 가지 못하고 닻矴을 내려 정박하였다. 이날에 바람이 몰아치고 물결이 세차므로 모든 배가 광란狂瀾 속에 출몰하게 되어 배안에 있는 노 젓는 사람이나 격왜格倭가 꼭 죽는 줄로 생각하고 창황하게 하늘에 외치고 울부짖는 소리가 물 끓듯 하였다. 세 사신이 또한 문밖에 나와 바라보다가 모든 군관을 언덕 위에 두 줄로 세우고, 쓰시마의 봉행·재판이 각각 왜인 수백 명을 인솔하여 항구 가에 서고, 쓰시마 태수가 또한 데리고 온 관속들을 동원시켜 모두 와서 구원하게 하였으나, 다만 풍파가 하늘에 치솟기를 방아 찧듯 창질하듯 하여 바다 언덕이 흔들거려 움직이고 비선飛船도 또한 머물 수가 없어 손발을 쓸 수 없으므로 양쪽 언덕에서 외치는 소리가 모두 어쩔 수 없다 하였다. 조금 있다가 바람 기세가 조금 약해지자, 한 격왜가 배 위에서 바다에 뛰어 들어가 물속에 있는 닻줄을 거머쥐고 언덕으로 헤엄쳐 나와 여러 왜인들을 시켜 잡아매게 하였으니, 또한 장사壯士였다.[9]

이 인용문은 1719년 8월 3일 통신사선단이 아이노시마藍島에 정박해 있을 때 발생한 사건을 묘사한 것이다. 포구 안이 넓었지만 수심이 얕아 해안에 대지 못하고 포구 내에서 투묘한 채로 정박하고 있었다. 새벽부터 불기 시작한 풍우가 갈수록 강해졌다. 포구 내에서 물결이 높게 일고 바람에 배들이 심하게 요동하였다. 사신선 한 척의 닻줄이 끊어졌다. 승선하고 있던 사람들은 어쩔 줄 몰랐으며, 모두가 죽을 거라고 생각하여 울부짖었다. 해안에 많은 왜인들이 나와 있었지만, 속수무책으로 발만 동동 구를 뿐이었다. 바람이 약간 약해지자 일본인 노수格倭 한 명이 바다에 뛰어들어 닻줄을 해안으로 가져왔으며, 그때에야 비로소 해안에 있던 사람들이 밧줄을 잡아매었다.

그로부터 12일 뒤에도 유사한 사건이 발생하였다. 통신사선단이 기타큐슈의 지노시마地島에 정박하고 있었을 때, 날이 밝

---

9) 신유한, 「해유록」, 8월 3일, 『해행총재』, I, pp. 431~432.

을 때부터 내리기 시작하던 비가 갈수록 더 많이 내렸다. 또한 바람도 갈수록 강해졌다. 포구에서도 큰 파도가 일어났으며, 그 파도를 맞아 통신사선의 난간이 완전히 파괴되어 버렸다. "각 배가 황급하여 어찌할 바를 몰랐고, 군관·역관이 왜의 봉행·재판들과 더불어 밤이 되도록 분주하게 서둘면서 모두들 반드시 파선될 염려가 있다고 하였다." 육지의 절西光寺에서 머무르고 있던 통신사들의 숙소도 기왓장이 날아가고 지붕이 흔들리기까지 하였다. 바람이 가라앉은 밤에야 통신사는 해안으로 가 사신선들을 보고 모두 보존되어 있어 다행으로 여겼다. 이 날, 제술관製述官이었던 조엄은 다음과 같이 자신의 사행록에 기록하였다. "인하여 생각하니, 바다에 들어온 이래 무릇 큰 풍우를 겪은 것이 세 번인데 모두 닻줄을 메고 육지에 오른 때에 있었다. 만약 배가 행진할 때에 이런 것을 만났다면 해골도 찾지 못하였을 것이다."

항해 중 발생한 해상 조난 사고로는 1763~4년의 통신사선단을 예로 들 수 있다. 통신사선단은 1763년 11월 13일 쓰시마 후추府中에서 이키시마의 가자모토우라風本浦로 항해하고 있었다.

통인이 황급히 와서 고하기를, "치목鴟木이 부러졌습니다." 하므로, 병중에 놀라 일어나서 선창에 기대어 보니, 뱃머리가 이미 가로 놓였다. 왼편으로 기우뚱 오른편으로 기우

뚱, 앞이 낮았다가 뒤가 높았다 하고, 흰 물결이 용솟음쳐
서 산더미처럼 몰려오며, 물이 뱃바닥으로 새어 들어 작은
배를 띄울 만하고, 물결이 타루柁樓를 쳐 사람들의 옷이 다
젖었다. 곁에 따르는 배가 한 척도 없어 일이 아주 위급한
지경에 이르고 엎어질 염려가 호흡 사이에 닥쳤는데, 부기
선副騎船이 20~30보의 사이를 두고 스쳐 지나가면서도 바
람이 날쌔고 물결이 거슬리어 형세가 배를 돌려 구해줄 수
없었다. 그래서 포를 쏘고 기를 흔들었으나 각 배가 또한
뚫고 들어올 길이 없었다. 이 지경에 이르매 어찌할 수가
없고 죽음만 있을 따름이다. … (중략) … 배 안의 사람들
이 반 넘어 뱃멀미로 쓰러져 깨지 못하고, 비록 일어나 움
직이는 자도 거의 넋을 다 잃어 일을 잡을 수 없었다. 내가
곧 신칙하여 돛을 늦추게 하였으나, 혹 그것을 늦추면 도
리어 바람이 없어 쉬 엎어질까 염려하여 다만 반 조금 넘
게 돛을 내리도록 하고, 이어서 치목을 고쳐 세우게 하였
으나 대부분 어쩔 줄을 몰랐다. 그러나 중화원中和園의 서
유대徐有大·영장營將 유달원柳達源은 변고를 듣고 병을 참고
뛰어나와 여기저기 분주히 뛰면서 조금도 틀리지 않고 응
접하였다. 치목이 타루의 난간 안에 있어 배를 매어놓은 줄
을 꼭 눌렀으되 격군格軍들이 혼미하여 깨닫지 못하고, 한
갓 힘만 허비하여 당겼으나 되지 않았다. 서 비장徐裨將이

171

보고 깨닫고는 먼저 떡메로 난간을 두들겨 부수고 또 줄이 매인 나무덩이를 두드리니, 기둥 같은 나무덩이가 손이 닿는 대로 부서지고 줄도 조금 늦추어졌다. 이에 서·유 두 비장이 소리를 질러 치목을 당기면서 칼을 뽑아 들고 모든 군사를 신칙하니 각기 죽을힘을 다하여 배 밖으로 당겨 내리고 줄을 끌어당겨 꽂으려 하였으나, 가로 놓인 나무가 바다 속에 떨어졌기 때문에 사람의 힘으로 하기 어려웠다. 이처럼 황급한 중에 성낸 파도가 몰아쳐서 치목에 붙은 분판分板의 원 기둥이 홀연히 저절로 일어서 치목 구멍에 바로 꿰어져 드디어 안전하게 되어 돛을 들어 전진하였으니, 그 사이가 거의 2식경이나 되었다. 그 위급할 때에 서·유 두 비장의 응변應變에 힘입어 치목을 고쳐 꽂게 되었으니, 이는 꾀를 잘 쓴 것이다.[10]

타의 기둥이 되는 목재가 부러져 배가 방향을 잡지 못하고 파도와 바람을 현측에서 받으니 배가 좌우로 크게 흔들릴 수밖에 없다. "뱃머리가 가로 놓였다"는 표현은 이를 두고 한 말이다. 이 어려운 상황을 한 명의 비장이 배의 난간을 부수어 바로 잡으려 했다. 그러나 인력으로 해결할 수 있는 상황이 아니었다. 우연

---

10) 조엄, 「해사일기」, 11월 13일, 『해행총재』, VII, pp. 82~83.

히 파도에 의해 스스로 치목이 구멍에 들어와 무사했다.

통신사 일행은 부산으로 내려와 여러 척의 배를 직접 살펴보고, 완고하지 못한 줄물⁺物은 통영과 수영에 문서를 보내 보수하게 했었다. 그럼에도 정사선에서는 대한해협 서수도의 한복판에 이르렀을 때 치목에 붙인 널빤지에 틈이 생겨 침수되었으나. 해상에서 수리할 수 없어 노목⁺木을 덧붙여 임시조치를 한 후 항해했었다. 조엄은 무늬가 가로결인 목재로만 치목을 만들어 해상 항해를 시작한 후 3번이나 치의 원주元柱가 부러지고 치의 널빤지가 두 번이나 떨어졌다고 생각하였다.

치목鴟木은 "배에서 가장 긴요한 물건"이었다. 그런데 통신사 선단이 부산포에서 이키시마까지 항해할 때 "치목이 세 번 부러지고, 분판分板이 두 번" 떨어졌다. 그리하여 통신사는 관련자들을 처벌해달라고 장계를 보냈다. 부사가 정사에게 치목을 더 만들자고 말하였으나, 임시에 급박하여 충분히 만들지 못하고 오직 3부만 복정⁺定하여 기선騎船 3척에 각 1부씩 더해 갔다. "실로 그렇게 하지 않았더라면 좌수포佐須浦를 건널 적에 부기선의 치목이 두 번이나 부러진 것을 어떻게 고쳤겠는가? 치목 1부의 무게가 2천근에 가까우니, 배마다 6부씩 실었으면, 짐은 과연 무거울 것이다. 옛사람이 어찌 이것을 모르랴마는, 반드시 많이 실은 것은 아마 조심하려는 것이리라. 그런데 근래에는 눈앞의 폐단만 위하니, 이 또한 옛사람의 뜻과 다르다."

이 통신선단이 이키시마의 가자모토우라에서 출항하여 아이노시마를 향해 항해할 때에도 해상 조난 사고가 발생했는데, 이때에는 정사선, 부사선, 종사관선이 모두 피해를 입는 희귀한 사례가 되었다. 때는 1763년 12월 3일이었다.

겨우 포구를 나왔는데, 그 험함이 참으로 악포鰐浦의 바위 모서리보다 더 심했다. 물이 치솟고 물결이 맴돌며 맞부딪쳐 철썩거리고 거슬러 굽이쳐서 배를 다루기 어려운 때에, 예선曳船의 줄을 끊어 우리 배가 가로이게 되었는데 다행히 뱃머리를 돌려 앞으로 향하게 되었다. 그때 갑자기 뒤에 있던 삼기선三騎船의 포 쏘는 소리가 들리고 기를 휘두르며 안쪽으로 향하니, 이는 반드시 사단이 있어서 그럴 것이다. … (중략) … 삼기선이 돛을 달고 오고 있었다. 들으니, 치목鴟木에 붙은 분판分板 세 개가 수중의 파도에 떨어질 무렵에 고쳐 꽂기가 어렵게 되어 남은 원기둥으로 근근이 지탱하며 건너기를 마치 우리 배가 좌수포를 건너던 때와 같이 했다고 하니, 다행함을 어찌 말하랴.
오후부터 서풍이 몹시 불어 배가 매우 빨리 가서 2경초에 포구에 들어왔는데, 선창과는 4~5보에 불과하였다. 이미 배를 매고 다리를 설치하였으리라 여겼더니, 눈을 돌리는 사이에 바람이 거슬러 불어 배가 물러나므로 물었더니, 이미 5리쯤 물러났다 한다. 험한 바다를 간신히 건너 선착장에 거의 대게 되었다가 갑자기 이처럼 물러난 것은 참으로 의심스러운 일이다. 그래서 쇠닻을 내려 여러 사람이 힘을 모아 노를 잡았으나, 풍세가 너무 험악하여 한 치도 나아가지 않았다. 그래서 화전火箭을 많이 쏘고 등불을 연달아 휘둘렀으나, 기다리던 예선도 나와 마중하지 않고, 먼저 닿은 우리 일행의 배도 비록 응하여 포砲를 쏘기는 했으나 역시 와서 구해 주는 자가 없어, 깜깜한 밤중에 멀리 표류될 염려가 없지 않았다. 작은 배 한 척을 얻어 통사通事를 태워 보내어 예선을 급히 불렀더니, 5~6척이 비로소 와서 붙잡아 주었다. 선착장에 들어와 대니, 밤은 거의 4경이 되었다.

부기선副騎船도 선착장에 거의 대었으나 또한 예선이 없어서 깜깜한 밤이어서 잘못 해안에 걸려 앞은 높고 뒤는 낮으며 가로 붙어 움직이지 않았다. 또 물이 치목 구멍으로 들어와서 배 아래쪽이 잠겨들므로 상하가 황망하여 어찌할 바를 몰랐다. 부사가 급히 작은 배를 타고 언덕 위에 내려 앉아 복물卜物을 운반해 내리도록 독촉하여 혹 작은 배에 옮겨 실은 것도 있고, 혹 물속에 잘못 던져진 것도 있었으며, 배 위쪽의 의롱衣籠은 겨우 옮겼으나 아래쪽의 잡물은 거의 다 젖었다고 하니, 그 놀라운 마음이 내가 당한 것이나 어찌 다르랴?[11]

정사선은 항해 중 예인색이 끊어져 선수 방향이 틀어진 것을 간신히 바로 잡았으며, 아이노시마의 선창에 대려 했을 때 역풍이 밀려 선미 닻을 내리고 구조를 요청했다. 부사선은 야간에 예선도 없이 선착장에 대다가 해안에 좌초되어버렸다. 종사관선은 치목의 분판 3개가 떨어져 나가버렸다. 그러나 파도가 커서 수리가 어려웠으며, 그리하여 타의 기둥만으로 간신히 대한해협 동수도를 건넜다.

당시 정사였던 조엄은 조정이 크게 놀랄 것이라 생각하여 조난 사실을 장계로 보고하지 않으려 했었다. 부사선은 부산포에서 사스나로 항해할 때에도 치목이 부러져 위기를 맞이했었다. 또한 부사선이 제대로 건조하지 않아 선체에 작은 틈이 많이 발견되었기에 곳곳에 쇠못을 많이 쳤으나, 지금은 완전히 부서져버려 왜선 1척을 빌려서 대신해야만 했다. 따라서 정사는 이 왜선의 용선 문제 때문에 장계를 올리지 않을 수 없었으며, 장계를 작성한다면 그간 발생한 해상 조난 사고들을 모두 일목요연하게 보고할 수밖에 없었다. 또한 그는 "배를 만들 때 내외의 감색선장監色船將, 도이장都耳匠, 좌우변장左右邊將과 치목을 작벌할 때의 감색까지도 아울러 동래부에 잡아 가두어서 우리 사행

---

11) 조엄,「해사일기」, 12월 3일,『해행총재』, VII, pp. 100~103.

이 돌아갈 때를 기다리게 하도록 영백嶺伯과 통제사에게 관문關門을 보냈다." [12]

한 달 반 뒤에 통신사는 영의정洪鳳漢이 "통제사統制使 이은춘李殷春은 나처拿處하고, 감조관監造官은 먼저 파직한 후에 잡아들이고, 치목 3부를 들여보내야 한다'는 뜻을 아뢰어 윤허를 받았고", "감조 차사원監造差使員 거제 부사巨濟府使 이방오李邦五·율포권관栗浦權管 우서주禹叙疇를 우선 파출罷黜" [13]시켰음을 알았다.

1764년 4월 18일 오사카에 있을 때 비국備局의 관문이 도착했다. 이 관문에 따르면, 왕이 2월 22일 장계를 읽고 좌수영으로 하여금 치목의 입송 때 보고하지 않은 죄로 훈별배訓別輩를 곤장을 치게 했다. 또한 조선차원造船差員을 무겁게 처벌해야 한다고 건의한 것에 대해서는 차원을 의금부로 잡아들이고 별차원別差員을 나포하여 심문하여 그 결과를 보고하라고 했다.

통신사선의 부실 건조 때문에 통신사 일행은 해상 조난 사고를 많이 당하고 그 때마다 목숨을 잃을 뻔 했지만, 통신사선의 건조 책임자와 주무관들도 차례로 중죄의 처벌을 받는 옥사獄事가 전개되었던 것이다.

---

12) 같은 책, 12우 4일, p. 105.
13) 같은 책, 12월 27일,『해행총재』, VII, p. 125.

10 일본의 통신사선단 영접

　조선에서는 통신사의 파견 준비가 거의 전국에서 이루어졌다. 인력의 선발, 예단·잡물·반전 등의 준비, 선박의 준비 등을 위해 조정에서는 왕과 대신들의 논의가 여러 차례 이루어졌다. 또한 예조禮曹, 호조戶曹, 병조兵曹, 비변사備邊司, 승정원承政院, 훈련도감訓練都監, 숭문원崇文院, 전의감典醫監, 혜민서惠民署, 군기시軍器寺, 봉상시奉常寺, 사역원司譯院, 선공감繕工監, 선혜청宣惠廳, 장악원掌樂院, 사복시司僕寺 등 조정의 여러 부처와 기관들 그리고 한성부漢城府가 참여했다. 지방에서는 경기, 충청, 전라, 경상, 강원, 함경, 평안, 황해로 구성된 8도의 감사監司가 참여했다. 지방 하위 기관을 보면, 관련 자료에 부사府使, 현감縣監, 목사牧使, 군수郡守로 구성된 9개 지방의 수령이 참여한 것으로 나타나지만, 8도의 감사들이 관할 지역 전체에서 인력과 물자를 동원했을 것이기 때문에 사실상 8도의 모든 지방들이 참여한 것으로 볼 수 있다. 수군을 보면, 삼도수군통제사, 경상좌수사,

경상우수사, 전라우수사 등이 참여한 것으로 나타난다.

일본의 사정도 조선과 비슷했다. 막부는 통신사를 환영하고 접대하기 위해 국가적인 노력을 기울였다. 통행로의 가로수를 교체했고, 길가의 가옥을 정비했고, 도로와 교량을 보수했고, 산길과 고개에 작은 대나무로 칸막이를 만들었고, 길에 모래를 깔았고, 단애에는 담을 만들었고, 강을 건널 다리를 새로 만들었고, 인부들에게 깨끗하고 단정한 몸치장을 하게 했다. 정박지마다 통신사 일행과 호행하거나 봉행하는 왜인들이 묵을 숙소를 새로 짓거나 보수했고, 동원 인력과 통신사 일행의 식량, 식수, 땔감, 요리 등을 제공했고, 수심이 얕은 강바닥을 준설했고, 가는 곳마다 호행선과 예인선 같은 선박을 제공해야 했다. 또한 통신사 일행에게 예단에 대한 답례품과 개인적인 선물이나 노자 등을 준비해야 하였다. 1807년도에 작성된 일본 자료에 따르면, 통신사와 관련된 바쿠후의 비용은 100만 냥 이상이었고, 동원된 잡역부가 338,501명이었고, 짐을 나르기 위해 임대한 말은 77,645필이었다.[14] 또한 1682년의 통신사 비용은 오늘날의 가치로 환산하면 약 500억 엔이었다.[15]

---

14) 蘭島道人中和氏 著, 『蒲刈龍隱誌』(文化四年). 柴下敬次郞, 『朝鮮通信使と蒲刈』(下蒲刈町, 1977), p. 57에서 재인용.

15) 新宮町敎育委員會, 『朝鮮通信使客館跡』(2000). p. 21.

〈표 2〉 일본에서 지방 번주(藩主)의 준비 상황

연도	장소	주관	선박	인력				출처
				관리	선주사공	인원	계	
1711	가마가리 蒲刈		135		970	759	1,729	柴下敬次郎, 『朝鮮通信使と下蒲刈』(下蒲刈町, 1977), pp. 33, 38.
1711		조슈長州/하기萩藩	1,400			9,700	9,700	辛基秀·仲尾宏 責任編集, 『大系 朝鮮通信使, 第四巻, 東京 : 明石書店, 1993, p. 52.
1711		조후 長府藩	655	307	3,171		3,478	野田一仁, "長門下之關御馳走一番 - 正德元年の朝鮮通信使と下關", 『下關市立長府博物館 編, 『企劃眼：朝鮮通信使と下關』, 下關教育委員會 2008, p. 10.
1711		하기 萩藩	148	546	510		1,056	野田一仁, "長門下之關御馳走一番 - 正德元年の朝鮮通信使と下關", 『下關市立長府博物館 編, 『企劃眼：朝鮮通信使と下關』, 下關教育委員會 2008, p. 10.
1711	신노세 三之瀬	히로시마 広島藩	235	759		639	1,398	日韓共通歴史教材制作チーム, 『朝鮮通信使：豊臣秀吉の朝鮮侵略から友好へ』, 東京：明石書店, 2005, pp. 84~86.
	아이노시마 藍島	구로다 黒田藩		1천 수백	2,100		3천 수백	『朝鮮通信使客館跡』, 新宮町敎育委員會, 2000, p. 21.
1710	가마가리 蒲刈		165					柴田敬次郎 編, 『ふるさと下蒲刈その二十八 それの通信使 朝鮮通信使と地元蒲刈の動き』, 吳市：株式會社ニックス, 2002, p. 18.
1710	하기 萩藩							아스다 기즈유기(安田和幸), "에도시대의 가미노세기(上關)의 조선통신사 - 소도무正德의 기록으로부터", 『朝鮮通信使硏究』, 第17號, 2013, p. 169.

〈표 2〉는 통신사를 영접하기 위해 일본의 지방 번주들이 어떻게 준비하고 있었는지를 보여준다.

각 번주가 동원한 선박은 135척에서부터 655척에 이르기까지 다양하며, 조슈번長州藩과 하기번萩藩이 동원한 선박이 1,400척일 때도 있었다. 관리, 선주船主, 사공沙工을 포함하여 동원된 인력은 총 1,056명에서부터 9,700명까지였다. 해상사행로와 관련이 있는 번이 쓰시마対馬, 이키시마壱岐, 히젠肥前, 치쿠젠筑前, 나가노長門, 스오周防, 아키安芸, 빈고備後, 빗추備中, 비젠備前, 하리마播磨, 셋쓰摂津, 오사카大阪와 같이 13곳 이상이었다. 각 번마다 위와 같은 인력과 선박이 동원되었다면, 일본 전국에서 동원된 선박과 인력은 어마어마했을 것으로 생각된다. 뿐만 아니라 통신사 일행과 쓰시마 도주 일행이 먹을 식량과 접대 음식을 준비하기 위해 조달한 물량도 어마어마했었을 것이다.

1711년 가미가리에서 통신사선단은 통신사선 6척, 쓰시마선 50척, 조선漕船과 환영선박 200~300척으로 총 256~356척의 규모였고, 쓰시마 수행원은 2,400~2,500명이었다. 아이노시마의 경우에는 섬 주민이 300~400명이었지만, 그 섬에 집결한 접대준비인 수는 2,000명이었다. 1682년 통신사가 왕래했을 때 아이노시마에서 접대하는데 들었던 비용은 식비와 인건비를 합하면 현재 가치로 8억 6천만 엔이었다(福岡県立図書館 소장「黒田家文書」).

지방 번주의 통신사 영접은 가미가리浦제의 사례를 통해 생생하게 알 수 있다. 이곳의 번주는 미하라 성주三原城主인 아사노 타다요시浅野忠義였다. 그는 쓰시마, 아이노시마, 시모노세키, 가미노세키에 하급무사를 포함한 일단의 사람을 보내 어떻게 영접하고 통신사의 일정이 어떠한지 정보를 수집했다. 이렇게 수집된 정보를 바탕으로 번주는 자신의 가로家老였던 아사노 카이淺野甲斐를 총책임자로 임명하고, 통신사 접대인 759명과 환송선 135척을 산노세三之瀬에 대기시켰다. 통신사가 도착하기 전날 번에서 여러 부류의 관리와 인부(監官, 幹官, 主計斯由, 監工, 典眉, 謁吏, 官健, 役夫, 小吏) 등이 산노세에 도착했다. 통신사 숙소로 사용할 오차야御茶屋를 높은 저택 형태로 다시 만들었다. 또한 그 전날부터 산중에 임시 오두막을 만들어 지역 주민 전체를 이동시키고, 시중의 가옥도 남김없이 파쇄했다. 그들은 일이 끝난 후에야 귀가할 수 있었다. 주민은 집에 머물 수 없었고 여러 제한으로 불편함을 감수해야 했다.

번주는 산노세 지역에 다음과 같은 포고문을 게시했다(1711).

1. 사절의 배가 어디에 정박해도 환영선이 방해되거나 땔나무와 물 등이 부족하지 않도록 신경 쓸 것.

2. 사절의 정박지에 쌀, 생선, 채소 등을 준비하고, 먹는 것에 부패된 것을 사용하지 말 것.

3. 정박지에서 화재, 지진, 폭풍, 해일 등 비상사태에 대비

하고, 무례한 태도를 보이지 말 것. 숙소는 물론 민가와 사원에서도 불을 조심스럽게 사용할 것.

4. 사절의 객사와 쓰시마인 또는 환송선과 사람이 모이는 장소에서는 착하고 신중하게 행동하여 싸움이나 무례한 행동을 하지 않도록 할 것.

5. 일본의 풍속과 습관을 모르는 이국인이 무례한 언행을 해도 책망하지 말 것. 만약 그런 일이 발생하면, 쓰시마의 관리에게 요청할 것.

6. 조선인이 정박 중 밀매매를 원해도 일체 거래하지 말 것.

7. 사절이 왕래하는 동안, 남녀가 구경하는 장소의 한 곳에 함께 있지 말 것. 반드시 주렴, 막, 병풍 등으로 그 자리를 가릴 것. 오물 투기, 술주정, 고성 등 무례한 행동을 하지 말 것. 구경꾼이 왕래에 방해가 되지 않도록 할 것. 주렴, 막, 병풍 등은 사치스러운 것을 사용해도 무관함.

삼사가 상륙할 수 있도록 긴 선창長雁木에 다리를 준비했다. 오차야로 가는 통로에는 양탄자 170매를 깔았고, 좌우에 자색 막을 쳤으며, 숙소의 정원에 소철을 심었고, 통신사 일행의 방마다 직급에 따라 차등 있게 다다미를 깔았다. 삼사와 상상관을 접대하는 주방은 독립된 형태로 있었으며, 학사, 판사, 의사 등의 접대인들은 부엌 1개를 공동으로 사용했다. 목욕탕과 기타 부속건물은 새로 건축했다. 상급, 중급, 하급 관리의 숙소용으로 사용될 작은 집들을 선창과 오차야 사이에 건축했다. 오차야의 상급 관리 숙소에 장막을 쳤고, 벽과 측면에 금병풍을 비치했는데, 쓰시마 검분사檢分使가 입회하여 통신사가 가고 올 때마다 다르게 치장했다. 물론 쓰시마 도주와 수행원 및 다른 수행원들의 숙소는 별도로 마련되었다. 번주가 직접 이 숙소들을 점검했다. 그리고 이 여러 곳의 숙소를 경비하기 위해 12개의 경비소가 설치되었다. 통신사 선단의 위치를 봉화로 알렸으며, 통신사가 항해하여 통과할 때 등불 400여 개를 점화하는 것을 예행 연습했고, 환송선의 노젓기 연습 상황도 점검했다.

1688년 에도에 도착한 통신사 일행은 728명이었는데, 그중 조선인은 480명이었다. 통신사의 숙소였던 혼세이지本誓寺가 사용한 하루분 식재료는 쌀 19석 4말 4되, 간장 1석 5말, 식초 1석 5말, 된장 5석, 소금 3석, 술 8석, 기름 7말, 닭 100마리, 기러기 10마리, 비둘기 100마리, 농어새끼 400마리, 도미 20마리, 농어 20마리, 건어물 50마리, 연어 10마리, 가물치 1,000토막, 전복 200개, 꼬치고기 500개, 계란 400개, 파 100단, 푸성귀 150단, 무 2,000개, 생강 100단, 토란 5말, 송이 100개, 두부 200모, 갓 1말, 겨자 5근, 초도 300송이, 백설탕 5금, 양갱 50상자, 사탕 20근, 진주조개 3,000개, 화과자 50근 등이었다.

막부는 "60여 개 주州가 온 힘을 다해 환영과 환송을 하고, 일본 천자의 사절에 대한 대우의 100배가 되도록 하라"고 했다. 그야말로 "천황의 사절도 이렇게 대접받는 경우가 없다"는 한탄이 나올 정도였다新井白石. 따라서 각 번주들은 통신사 영접 경쟁을 했는데, 1711년 쓰시마 도주는 "가마가리의 대접이 1등安芸浦刈御馳走一番"이라고 말했다.

11 통신사선단 관련 유적과 유물

　일본의 통신사 파견 요청과 조선의 통신사 파견은 조선과 일본 양국에게 적지 않은 영향을 주었다. 이러한 교류에 대한 자료와 흔적은 오늘날까지 많이 남아있다. 그중에서 해상사행과 관련된 흔적은 유물과 유적으로 구분된다.

　먼저 유물의 경우에는 대부분이 그림인데 특히 우리나라의 경우에 그러하다. 우리나라가 보유하고 있는 대표적인 회화로 먼저 「사로승구도槎路勝區圖」(국립중앙박물관 소장)가 있다. 이 그림은 1748년 통신사 사행에 참여한 도화서 서원 이성린李聖麟(1718~1777)이 사행로에 있는 경승지 30곳을 그린 것으로 추정되는 2개의 두루마리 그림이다. 상권은 15장의 실경산수화가 그려져 있는데, 영가대永嘉臺 중심의 부산포 전경을 그린 그림이 1장 포함되어 있다. 통신사선단의 정박지 중 대부분의 모습(釜山, 芳浦, 對馬州 西山寺, 一岐島 風本浦, 藍島, 小倉, 赤間關, 上關, 津和, 蒲刈, 盤臺寺, 韜浦, 下津, 日比, 牛窓, 室津, 大

阪)은 상권에 포함되어 있고, 1곳의 정박지(淀浦) 모습은 하권에 포함되어 있다. 하권은 회화식 지도, 풍속화, 기록화 같은 여러 성격의 그림 15장을 포함하고 있다. 각 그림의 크기는 35.2x70.3cm이다.

국립중앙박물관은 해상사행과 관련된 회화를 2점 더 소장하고 있다. 하나는 「통신사방정성도通信使訪淀城圖」(136.4x139.7cm)인데, 일본인이 서적(渡邊善右衛門守業,『朝鮮人聘禮記』, 國文學研究資料館 소장)의 삽화를 1919년에 전사한 그림이다. 1748년 통신사 일행이 오사카에서 환승한 일본 선박을 타고 요도우라淀浦에 정박한 모습을 그린 그림으로 50여척의 크고 작은 선박들이 그려져 있다. 다른 하나는 일본인이 그린 「국서누선도國書樓船圖」(58.5x1523.5cm, 18세기 필자 미상)인데, 오사카에서 요도우라를 항해하기 위해 환승한 일본 선박들의 항해 장면을 그린 것이다. 누선(부사선, 국서선, 종사관선), 예인선, 수행선, 선착장, 육지사행 준비상태, 요도 성淀城 등이 그려져 있다.

국립해양박물관은 「통신사선도通信使船圖」(石崎融思 작, 1768~1846)를 보유하고 있는데, 그림에는 '통신사도通信使圖'로 화제가 적혀있어 「통신사도通信使圖」로도 불린다. 이 자료에는 나가사키長崎 지역의 해상에 있는 통신사선 1척이 그려져 있지만, 어느 시대의 것인지는 알 수 없다. 선수와 선미가 치켜 올라가는 모습이 중국 선박과 비슷한 모습이며, 갑판의 판옥이 적색과 백색으로 칠해져 있고, 휘장을 둘러 호화롭게 보이며, 돛을 내리고 돛줄에서 한명이 곡예 줄타기를 하고 있다. 선체의 홀수선 바로 위에는 4개의 발톱을 가진 청룡무늬가 그려져 있다.

그밖에도 국립해양박물관은 두 가지 자료를 더 소장하고 있다. 하나는 「통신사선단도通信使船團圖」(작자 미상)인데, 일본인 카노 탄신(狩野探信, 1785~1835)이 그린 두 종류의 「조선통신사선단도병풍朝鮮通信使船団図屛風」을 조합하여 그린 그림이다. 1711년 통신사선들을 도모노우라 포구에 투묘시킨 후 통신사 일행 중 일부가 소형 선박에 환승하여 상륙하는 모습을 보여주고 있으며, 소형 선박들이 화물을 육지로 운송하는 장면도 있다. 다른 하나는 「귀로도중도歸路道中圖」(池田貞齊 작)인데, 10m 길이의 두루마리 2권으로 구성되어 있으며, 에도에서 부산까지 통신사의 귀국항로를 파노라마 형식으로 그린 회화식 지도이다. 1권은 에도에서 교토까지, 2권은 교토에서 부산까지의 사행로를 묘사하고 있다.

일본에는 통신사의 해상사행과 관련된 유물이 더 많이 있으며, 관련된 주요 유물을 지방별로 보면 다음 표와 같다.

<표 3> 통신사 해상사행관련 일본 주요 유물의 지역별 현황

관련 지역명	유물 명	내용
이즈하라 嚴原	한선개범도(韓船開帆圖), 부중주도(府中湊圖), 한선앙면도(韓船仰面圖), 조선선대마입주도 (朝鮮船對馬入湊圖)	『쓰시마일기(津島日記)』에 있는 1811년 통신사 관련 삽화
	조선선대마입주도 (朝鮮船對馬入湊圖)	시모노세키 역사박물관 소장. 40.4×27.6㎝ 담채화. 1811년 통신사선 4척이 이즈하라에 정박 모습
	대주접선여관도 (對州接鮮旅館圖)	일본 국립공문서관(國立公文書館)에 소장. 『이즈하쵸지(嚴原町誌)』부록으로 소록. 1811년 객관과 숙소
	조선통신지비(朝鮮通信之碑)	쓰시마역사민속자료관 소장. 1992년 건립.
아이노시마 相島	남도도(藍嶋図)	이와쿠니징고관(岩国徴古館) 소장. 1748년 이와쿠니 무사가 통신사용 객관과 통신사가 상륙한 석제 선창 부두(先波止)를 그림.
	통신사선해상예항도 (通信使船海上曳航圖)	『신구쵸지(新宮町誌)』(1997). 오카야마번(岡山藩)은 통신사 1척 당 예인선 15척을, 후쿠오카번(福岡藩)에 서는 14척을 배치하여 예인하는 모습
	조선통신사관련공양탑 (朝鮮通信使関連供養塔)	1719년 영호선 40척 좌초와 관련된 탑
나고야 名護屋	조선통신사정사관선도 (朝鮮通信使正使官船圖)	사가현립나고야성박물관(佐賀県立名護屋城博物館) 소장
시모노세키 下関	적간관사옥병근변도 (赤間關信史屋幷近邊圖)	이와쿠니징고관(岩国徴古館) 소장. 가로 2.55m, 세로 1.25m의 크기로 1748년 통신사선 6척을 조슈번(長州藩) 수군선 66척(대선1 중선 29 소선 36)이 호행하는 모습과 통신사 숙소를 그림.
	적간관신사대마수전선현장지도 (赤間關信使對馬守殿船懸場之圖)	통신사선과 쓰시마번 호행선들의 계선 장소를 그린 그림
가미노세키 上関	조선통신사상관내항도 (朝鮮通信使上関来航図)	죠센지(超專寺) 소장. 다노무라 치쿠덴(田能村竹田, 1777~1835) 작. 60.3×86.8㎝ 채색화. 1764년 통신 사선단, 호행예인선 95척, 가설 당인교, 오차야, 관사, 역인 숙소, 어번소, 도로 상점, 사원
	삼사선단정박도(三使船團停泊圖)	야마구치현문서관(山口県文書館) 소장. 1711년 시모 노세키에서 가미노세키 사이의 해역에서 통신사선 6 척과 호행선 44척 총 61척의 정박진형

관련 지역명	유물 명	내용
가미노세키 上関	巨鼇山(거학산) 편액	1711년 통신사의 사자관 이수장(李寿長)의 휘호를 메 이칸지(明關寺)의 편액으로 제작
시모카 마가리 下蒲刈	가마가리(鎌刈) 인동주(忍冬酒) 칭송비	쇼토엔(宋濤園) 소장. 1643년 조용주(趙龍州),『동사록 (東槎錄)』에 수록된 구절을 비로 제작
	사마가리(蒲刈) 환대 칭송비	쇼토엔(宋濤園) 소장. 1655년 남호곡(南壺谷),『부상 록(扶桑錄)』에 수록된 구절을 비로 제작.
우시마도 牛窓	관선선착판장출대안목회도 (官船船着板張出シ大雁木繪圖)	오카야마현립박물관(岡山縣立博物館) 소장. 35.7㎝ ×49.8㎝. 1748년 작. 선착장 그림
무로쓰 室津	조선통신사실진주어선비도병풍 (朝鮮通信使室津湊御船備圖屏風)	개인 소장. 2폭 병풍 채색도. 1764년 무로쓰 정박도
다마노시 玉野市	조선인래조각비전어치주선행렬도 (朝鮮人来朝覚備前御馳走船行烈図)	四宮家 소장했다가 蘭島文化振興財団으로 이관. 14.5×824.9㎝. 오카야마번(岡山縣)의 1천척이 통신사 선 6척 경호, 안내
도모노우라 鞆の浦	조선통신사선단도병풍 (朝鮮通信使船団図屏風)	개인 소장. 가노탄신(狩野探信, 1653~1718) 작. 정덕 원년 비고(備後)현 히로시마(広島) 도모노우라 해상
	대조루(対潮楼) 편액	국가사적지정, 후쿠젠지(福禪寺) 소장. 1748년 통신 사 일행 홍경해(洪景海)의 예서체 휘호를 편액으로 제작
	일동제일형승(日東第一形勝) 편액	후쿠젠지(福禪寺) 소장. 1711년 종사관 이방언(李邦 彦)의 휘호를 편액으로 제작
히비 日比	비전어치주선행렬도 (備前御馳走船行烈図)	조선사절내조각(朝鮮使節來朝覺)으로도 불림. 구레 시(吳市) 자정문화재. 14.5×824.9㎝ 두루마리 그림. 1748년 5월 선단 히비(日比) 도착 무렵 호행선 366척
효고 神戶	신무산(神撫山) 편액	1643년과 1655년 사자관 김의신(金義信)의 휘호를 편액으로 제작
	선창사(禅昌寺) 편액	1643년과 1655년 사자관 김의신(金義信)의 휘호를 편액으로 제작
오사카와 효고 大阪과 兵庫	신사내빙지병고지대판인선도 (信使來聘至兵庫至大坂引船圖)	다테마쓰본(立松本) 27.8 x 2,519.6㎝ 두루마리 족자 370척. 사쿠라이신사본(櫻井神社本) 상권41.8×326.4 ㎝ 하권 41.3x2,454.4㎝ 두루마리 족자 459척, 총 3,762명. 아마가사키시본(尼崎市本) 27.8×326.4㎝ 두 루마리 족자 소형선인 도해선(渡海船)과 저아선(猪牙 船)만 그림. 사쿠라이신사본은 다테마쓰본을 보완한 청서본(淸書本). 아마가사키번(尼崎藩)에서 1764년 1 월 20일 통신사선단 호행도

관련 지역명	유물명	내용
오사카 大阪	조선인도해선지도 (朝鮮人渡海船之圖)	오사카역사박물관 소장. 30.3×60.0cm. 1811년 조선통신사를 그린 목판화
	조선통신사의 비(朝鮮通信使の碑)	쿠조지마(九条島) 치쿠린지(竹林寺) 부근 위치. 통신사와 치쿠린지의 관계와 사행 중 사망한 최천종 과 김한중의 이야기를 간략히 설명
요도가와 淀川	조선통신사선어루선도병풍 (朝鮮通信使船御楼船図屛風)	오사카시문화재협회 소장. 18세기 작. 137.3×349.8cm. 고로센(御樓船)이 중앙 에 배치되고, 주변에 악사와 화물을 태운 공선(供船) 6척이 전후 배치
	상판사선도(上判事船圖)	오사카역사박물관 소장. 27.8×84.6cm. 상판사제일 선도(上判事第一船圖)로도 불림. 1682년도 상판사가 탄 고자부네(御座船)
	조선통신사선단도 (朝鮮通信使船團圖)	가네자와(金澤) 소장. 59.0×263.6cm. 24폭 병풍. 요도가와(淀川)를 거슬러 오르는 크고 작은 28척의 통 신사선과 166명의 인물이 등장
	조선통신사국서선도선도병풍 (朝鮮通信使國書先導船図屛風)	조선통신사국서선단도(朝鮮通信使國書船團圖)로도 불림. 75.2×510.4㎝ 8폭 병풍. 1711년 요도가와 항해 모습.
요도가와 淀川	조선통신사상상관제삼선도· 공선도 (朝鮮通信使上々官第三船図· 供船図)	79.0×(1)148.0㎝, (2) 111.5㎝ 1711년 가와고자부네 (川御座船) 1척, 부속선(供船)은 5척 별도 그림
	조선통신사천어좌선도병풍 (朝鮮通信使川御座船圖屛風)	18세기 작. 통신사가 요도가와(淀川)에서 탑승한 가와 고자부네(川御座船)를 그린 그림.
	조선통신사대판하구지도병풍 (朝鮮通信使大坂可口之圖屛風)	118.0×276.0㎝ 6폭 병풍. 통신사선 1척과 일본선박 6 척이 요도가와 하구에서 정박하고 있는 모습
	후나에마(船繪馬)	미구쿠루미타마신사(美具久留御魂神社) 소장. 1695 년 통신사가 요도가와에서 타고 있는 일본 선박 6척
요도 성 淀城	조선빙례사정성착내도 (朝鮮聘禮使淀城着來圖)	일본 국문학연구자료관(國文學硏究資料館)에 소장. 와타나베 기슈(渡邊蟻州) 작. 108.0×108.0㎝. 1748년 통신사 일행이 일본 선박으로 타고 요도성에 도착한 장면. 한국 국립박물관은 이를 모사한 통신사방정성 도(通信使訪淀城圖)를 소장

유물과 관련된 지역은 총 15곳이며, 대한해협의 지역이 3곳, 세토나이카이의 지역이 10곳, 요도가와 지역이 2곳이다. 유물은 통신사선단의 항해나 정박과 관련된 그림이 대부분이며, 통신사 일행이 써준 글씨를 이용하여 만든 현판과 통신사관련 비석도 각각 몇 가지 있다. 특히 통신사선단의 항해나 정박 모습 혹은 통신사선의 그림은 우리나라에서는 전혀 그리지 않았던 것으로서 항해, 선박, 해양교류 같은 해양사 연구의 귀중한 자료이기도 하다.

〈사진 14〉 도모노우라 후쿠젠지의 창밖 풍경.
위에 「日東第一形勝」의 편액이 걸려 있으나 어두워 잘 보이지 않는다.

우리나라에서 통신사의 해상사행과 관련된 유적은 부산의 영가대永嘉臺가 유일하다. 영가대는 1624년에 건축된 정자로서 통신사나 일본 사신의 항해안전을 바라는 해신제나 항해하기 좋은 바람을 바라는 기풍제를 지내던 곳이자, 일부 통신사선단이 출항하던 곳이었다. 원래 부산시 동구 범일동 부산진시장 주변에 있었지만, 영가대 선착장은 1917년 철도 건설 때 매축되었고, 영가대도 일본인의 별장이 되었다. 지금은 영가대 터에 「부산포 왜관·영가대 터」의 표석이 세워져 있고(2000), 영가대는 자성대子城臺 남쪽에 복원되어 있다(2003).

그러나 일본에는 관련 유적이 다음 〈표 4〉에서 보는 것처럼 많다.

〈표 4〉 통신사 해상사행관련 일본 주요 유적의 지역별 현황

지명	소속 번	유적	내용
이즈하라 嚴原	쓰시마번 対馬藩	세이잔지(西山寺)	통신사 숙소
		고쿠분지(國分寺)	통신사 숙소
		가네이시 성터(金石城跡)	통신사 영접 장소
가자모토우라 勝本浦	히라도번 平戸藩	아미다도(阿弥陀堂) 쇼모궁(聖母宮)	이키시마(壱岐島) 통신사 숙소
아이노시마 相島	후쿠야마번 福岡藩	조선통신사 객관 터(朝鮮 通信使客館跡)	아이노시마 객관(藍島客館)
		사키하토(先波止)	통신사 상륙 선착장. 객관 터 정문 앞.
		합장주인묘(合葬舟人墓)	1719년 영호선 40척 침몰 61명 익사자 묘
		조선통신사관련공양탑 (朝鮮通信使関連供養塔)	1719년 사건 추모비
		지조도(地蔵堂)	1719년 사건 사당
시모노세키 下關	조슈번 長州藩	조선통신사상륙엄류지 (朝鮮通信使上陸淹留之地)	통신사 상륙 선창 (阿弥陀寺公園)
		아미다지(阿弥陀寺), 판로(春帆楼)	통신사 영빈관

지명	소속 번	유적	내용
가미노세키 上關	하기번 萩藩	구 가미노세키 번소 (旧上關番所)	현 지정유형문화재, 경비소
		오차야 터(御茶屋跡)	통신사 영빈관
		도로도 터(灯籠堂跡)	항해 등대용
		미후나쿠라 터(御船倉跡)	선창
		도진바시 터(唐人橋跡)	통신사 상륙용
		가미노세키 오차야 본문터 돌담 (上關御茶屋本門跡 石垣)	정(町)지정유형문화재, 공관 본문
가미노세키 上關	하기번 萩藩	아미다지(阿弥陀寺)	쓰시마 이정암장로(以酊庵長老) 의 숙소
		고이즈미 가문(小泉家)	의사와 수행원 숙소
		교가쿠잔(亘毅山) 묘칸지 터(明關寺跡)	쓰시마 번주 숙소
		가마하치만궁(竈八幡宮)	하기번과 이와쿠니번 중역들이 통신사 무사통항 기도한 신사
		텐만궁(天滿宮, 管原神社) 석등롱(石灯籠)	정지정유형문화재. 수로안내자가 통신사 항행 안전 기원하여 기증
산노세 三之瀬	히로시마번 広島藩	오차야 터(御茶屋)	통신사 접대소
		조선통신사 객관 터 (朝鮮通信使宿館跡)	현 사적지정.
		혼진 터(本陣跡)	통신사 숙소
		조선통신사기념정원 (朝鮮通信使記念庭園)	쇼토엔(宋濤園)
		가마가리시마고반쇼 (蒲刈島御番所)	경비와 접대 준비
		구 요시다 가옥(旧吉田館)	통신사 숙소. 현 램프관
우시마도 牛窓	오카야마번 岡山藩	게이오산(經王山) 혼렌지(本蓮寺)	국가지정중요문화재. 통신사 접대 및 숙박지
		오차야 우물(御茶屋井戸)	통신사용 우물

지명	소속 번	유적	내용
고베 神戶		간나데야마(神撫山) 젠쇼지(禅昌寺)	통신사 일행 방문지
무로쓰 室津	히메지번 姬路藩	아차야 터(御茶屋跡)	통신사 숙소
		조쇼지(浄静寺)	통신사 일행 숙소
		자쿠조지(寂静寺)	통신사 일행 숙소
		도쿠죠지(徳乗寺)	통신사 일행 숙소
도모노우라 鞆ノ浦	후쿠야마번福山 藩	후쿠젠지(福禪寺)	통신사 숙소
		아미다지(阿弥陀寺)	통신사와 그 일행 숙소
		난젠보(南禪坊)	통신사 일행 숙소
		오차야(御茶屋)	통신사 일행 숙소
		고야마(小屋)	통신사 일행 숙소
효고 兵庫	아마가사키번 尼崎藩ㄴ	혼진(本陣)	통신사 접대소
		아미다지(阿弥陀寺)	통신사 접대소
오사카 大阪	이즈미 키시와 다번 和泉岸和田藩	니시혼간지(西本願寺) 쓰무라베쓰인기타미도 (津村別院北御堂)	통신사 접대소
		오후나구라 터(御船蔵跡)	선착장 터(岩崎橋公園), 가와코 자부네(川御座船)으로 환승 터
		치쿠린지(竹林寺)	통신사 일행 숙소. 감한중(金漢重) 묘(1764년 사망). 조선통신사비.
요도우라 淀浦	야마시로요도번 山城淀藩	고치소야시키 (御馳走屋敷)	통신사 접대소

통신사관련 유적은 통신사가 사용한 숙소나 선착장이 대부분을 차지하고 있다. 또한 대부분의 유물과 유적은 우리나라보다 일본에 많이 있는데, 이것은 해상사행로가 출발지를 제외하고는 거의 전부 일본에 해당하기 때문이다.

여기에서 언급하지 않았지만, 그 밖의 유물과 유적도 많이 있다. 또한 자료를 보관하고 있는 기관들도 많이 있다. 뿐만 아니라 유물과 자료를 소장하고 있는 개인들도 많다. 그 한 예로 통신사가 왕래하면서 일본에 머무는 3~4개월 동안 그 일행이 일본인 1천여 명을 만나 2천여 편의 시를 교환했다고 한다. 오늘날까지도 일본 고미술품 시장에 통신사관련 자료들이 종종 나타나는 것은 바로 이 때문이다.

통신사의 해상사행과 관련된 흔적은 전통 연극인 가부키歌舞伎와 지방 전통무용 같은 다른 장르에서도 볼 수 있다. 1764년 오사카에서 도훈도 최천종崔天悰 살해사건이 바로 그 해에 연극「나가사키 마루야마 호소미노쿠니長崎丸山細見國」에 삽입되어 공연되었다. 1767년에는 나미키 쇼조並不正三가 이 사건을 작품화 한「세와료리 스즈키보초世話料理鱸庖丁」가 공연되었는데, 2일 후 공연 금지되자「레이리에조니시키令織蝦夷錦」로 개작되어 공연되었다. 1789년 나미키 고헤이並木五瓶가 쓴「간진칸몬테쿠다노하지마리漢人韓文手管始」으로 공연되었다. 이 사건은 1796년에「게이세이 하나노 오미나토傾城花大湊」, 1799년에「가라오리 니

혼노 테키키唐土織日本手利」, 1802년에 「겐마와시 사토노 다이쓰拳褌廓大通」로 각각 공연되었다. 또한 우시마도牛窓 곤노紺野 마을의 가을축제 때에는 주민들이 「가라코오도리唐子踊り」을 추는데, 통신사를 수행하던 두 명의 동자가 추던 춤을 보고 모방한 것이다.

〈사진 15〉「가라코오도리(唐子踊り)」 모형 전시

통신사의 해상사행과 관련된 자료를 보존하거나 전시하고 있는 기관들도 여러 곳인데, 한국과 일본 양국의 주요 기관은 다음 〈표 5〉와 같다.

〈표 5〉 통신사의 해상사행과 관련된 자료 소장 및 전시 중인 주요 기관

자료소장전시기관 명칭	소재지	내용
국립중앙박물관	서울시 용산구 서빙고로 137 (용산동6가 168~6)	통신사 자료 소장과 전시
국립해양박물관	부산광역시 영도구 해양로301번길 45 (동삼동 1156)	통신사 자료 소장과 전시
부산시립박물관	부산광역시 남구 유엔평화로 63(대연동)	통신사 자료 소장과 전시
조선통신사역사관	부산광역시 동구 자성로 99 (범일동 380~4)	통신사 자료 소장과 전시
도쿄국립박물관 東京国立博物館	東京都台東区上野公園13~9	통신사 자료 소장과 전시
국립공문서관 國立公文書館	東京都千代田区北の丸公園3番2号	통신사 자료 소장
쓰시마조선통신사역사관 対馬朝鮮通信使歴史館	長崎県対馬市厳原町国分1430番地	통신사 자료 소장과 전시
쓰시마역사민속자료관 対馬歴史民俗資料館	対馬市厳原町今屋敷668~1)	통신사 자료 소장과 전시
규슈역사자료관 九州歴史資料館	福岡県小郡市三沢5208~3	통신사 자료 소장과 전시
나고야성박물관 名護屋城博物館	佐賀県唐津市鎮西町名護屋1931~3	통신사 자료 소장
후쿠오카도서관 福岡県立図書館	福岡市東区箱崎1~41~12	통신사 관련 黒田家文書 소장
신구마치역사자료관 新宮町立歴史資料館	岡県糟屋郡新宮町新宮東二丁目5-1 (シーオーレ新宮)	아이노시마 유물, 통신사선, 예선, 통신사 향응식 등 전시
야마구치문서관 山口県文書観	山口県山口市後河原 150~1	통신사 자료 소장
고치소우이치반간 御馳走一番館	広島県呉市下蒲刈町下島 2277~3	쇼토엔(宋濤園)의 조선통신사 자료관

자료소장전시기관 명칭	소재지	내용
카이유문화관 海遊文化館	岡山県瀬戸内市牛窓町牛窓3056	통신사 자료 전시관
도모노우리역사 민속자료관 **鞆ノ浦歴** 史民俗資料館	広島県福山市鞆町後地7536~1	통신사 자료 전시관
오카야마현립박물관 岡山県立博物館	岡山市北区後楽園1~5	통신사 자료 소장
다쓰노시립 다쓰노역사문화자료관 たつの市立龍野歴史 文化資料館	庫県たつの市龍野町上霞城128~3	통신사 자료 소장과 전시
무로쓰해역관 室津海駅館	兵庫県たつの市龍野町富永1005~1	통신사 자료 소장과 전시
오사카역사박물관 大阪歴史博物館	大阪市中央区大手前4丁目1~32	통신사 자료 전시
미구쿠루미타마신사 美具久留御魂神社	大阪府富田林市宮町3丁目2053	통신사 자료 소장
이와쿠니징고관 岩国徴古館	山口県岩国市横山二丁目7~19	통신사 자료 소장

한국과 일본 양국은 통신사와 관련된 자료를 외교와 여정 및 문화교류로 구분하여 총 111건 333점을 모았다. 유네스코 는 2017년 10월 31일 이 자료들을 「조선통신사에 관한 기록 : 17~19세기 한·일 간 평화구축과 문화교류의 역사」의 이름으 로 세계기록유산으로 공동 등재하기로 결정했다. 이후 양국의 여러 박물관들은 공동 등재를 기념하기 위한 기획전시와 일련 의 행사를 매년 해오고 있다. 또한 부산문화재단은 조선통신사

역사관을 통해 전시회를 꾸준히 해오고 있으며, 한일문화교류 사업의 일환으로 조선통신사행렬 재현행사를 부산은 물론 일본 각지를 순회하면서 해오고 있다. 일본에서는 1995년 11월 발족된 '조선통신사연지연락협의회朝鮮通信使縁地連絡協議会'를 주축으로 학술세미나와 행사를 해오고 있는데, 2023년 3월 현재 단체회원은 75곳이고, 개인회원은 105명이다. 또한 통신사와 관련된 지방 중 여러 곳에서도 매년 여러 종류의 행사를 해오고 있다.

통신사의 일본 방문은 일본의 막부는 말할 것도 없거니와 다이묘, 무사, 조닌町人, 상인, 농민 등 거의 모든 국민이 무역에 따른 외국상품 수입의 이윤과 통신사선단과 통신사일행의 해·육상 행렬 구경으로 큰 관심을 가졌다. 또한 일본의 학자, 문인, 유지, 의사 등 지식인은 통신사 일행과의 접촉을 "일세일대一世一大의 대사건", "종신終身의 영예"로 간주했다. 그들은 통신사 일행과 작시한 것을 교환하고, 시작을 비평하고 첨삭하고, 서화의 휘호를 나누고, 필담으로 조선의 정치풍속, 학문과 문화, 의술, 기술 등을 물었다. 일본 국민들은 통신사 방문에 대해 "이상할 정도로" 큰 기대를 갖고 있었으며, 실제로 큰 "문화적 감명"을 받았던 것이다.